UNA CASA AQUÍ, UN TERRENO ALLÁ

Living Trust En Español Para Familias Con Bienes Y Herederos En Dos Países: Qué Protege De Verdad Un Fideicomiso En Vida Y Dónde Se Queda Corto

Ismael Cordero Nava

Este libro trata temas legales y ofrece únicamente contenido educativo general. No es asesoría legal, fiscal ni financiera, y leerlo no crea ninguna relación profesional con el autor ni con la editorial. Las reglas sobre fideicomisos, herencias, propiedad e impuestos cambian de un estado a otro dentro de Estados Unidos y son completamente distintas en cada país; también cambian con el tiempo. Antes de firmar, transferir o decidir cualquier cosa, consulta a un abogado con licencia en tu estado y, cuando haya bienes o herederos fuera de Estados Unidos, a un profesional habilitado en cada uno de los países involucrados.

Para las familias que guardan escrituras en dos idiomas y esperan que alguien, algún día, sepa qué hacer con ellas.

Índice

Introducción

Lo que este libro es
Lo que este libro no es
Cómo usarlo
Una advertencia sobre el tono

El Mapa De Tu Patrimonio: Aquí, Allá Y En Medio

Las tres columnas
Para cada renglón, cinco preguntas
Los bienes que la gente olvida
El error de dar cosas por hecho
Qué recolectar esta semana
Dónde se consiguen los papeles que faltan
La conversación que abre el mapa

Qué Es Un Living Trust Y Qué No Es

El truco es la propiedad, no el papel
Los tres papeles
Revocable quiere decir revocable
Lo que un living trust sí suele hacer bien
Lo que un living trust no hace
Financiar el fideicomiso: el trabajo que nadie te cuenta
Qué pasa con el fideicomiso mientras vives
La pregunta correcta no es "¿necesito uno?"
Una advertencia sobre los seminarios

Por Qué Un Fideicomiso De Estados Unidos Se Detiene En La Frontera

Jurisdicción, en cristiano
La regla que ordena casi todo: el bien manda
Por qué no puedes simplemente "meter" el terreno
Las herencias forzosas: la sorpresa que más duele
Un mismo señor, dos reglas: cómo se ve en la práctica

Las frases que deberían encender una alarma
Lo que sí atraviesa la frontera
La consecuencia práctica: casi siempre hacen falta dos planes
Cuándo empezar por el lado de allá
Las preguntas para llevar
Probate: La Palabra Que Asusta Y Lo Que Realmente Significa
Qué es, sin adornos
Cómo funciona, a grandes rasgos
Qué es verdad de lo que se dice
Qué es exageración
El punto que te importa: el probate del otro estado
Lo que le toca hacer a la familia mientras el caso está abierto
Una nota sobre las prisas
Lo que un fideicomiso hace y no hace con el probate
El caso del difunto que vivía en dos lugares
Cómo averiguar tu situación real
Una nota sobre el testamento hecho en el otro país
Las preguntas para llevar
La Casa En Estados Unidos
El título dice lo que dice
Los nombres en la escritura
Meter la casa al fideicomiso
Las tres llamadas que van con la transferencia
La casa cuando los dueños son un matrimonio
La casa que se usa para mantener a la familia de allá
Los atajos que se ofrecen y lo que hay que preguntar de cada uno
Lo que la casa no resuelve
Las preguntas para llevar
El Terreno, La Casa O La Parcela En El País De Origen

La regla de orientación
Primero: averigua en qué estado está la propiedad
Segundo: junta los documentos, aunque todavía no sepas qué vas a hacer
Tercero: encuentra a la persona correcta de aquel lado
El poder notarial: útil y sobrevalorado
El costo de dejarlo pendiente
Lo que este bien significa dentro de la familia
Cuarto: decide qué quieres que pase, y dilo
Las preguntas para llevar
Cuentas Bancarias A Los Dos Lados
Cómo se comporta una cuenta cuando muere el titular
La cuenta conjunta: cómoda y mal entendida
Poner una cuenta en el fideicomiso
Las cuentas de allá
Lo que hay que declarar y por qué no lo puedo resolver yo
El dinero que se mueve por otros canales
Cuando el cotitular vive en otro país
El fantasma más común: la cuenta que nadie sabe que existe
El dinero para los primeros días
Las preguntas para llevar
Herederos Que Viven Fuera De Estados Unidos
Lo primero: no está prohibido
Identificación: el cuello de botella más común
Cómo le va a llegar el dinero
Los tiempos son otros
Probar quién es quién
Menores, personas mayores y personas vulnerables
La distancia también divide a los que reparten
Lo que hay que decirle al heredero antes
Las preguntas para llevar

Cuando Los Papeles No Coinciden: Nombres, Apellidos Y Documentos
De dónde viene el problema
Por qué importa tanto
Cómo se hace el inventario de tus nombres
Qué hacer con lo que encuentres
Los otros documentos que no coinciden
El orden en que conviene arreglar las cosas
Qué no hacer
Un encargo específico para las familias con dos apellidos
Un caso aparte: los apellidos de las mujeres
Las preguntas para llevar
Beneficiarios Designados: El Atajo Que Muchos Ignoran
Qué es una designación de beneficiario
Por qué le gana
Las cinco fallas típicas
La complicación cuando el beneficiario vive fuera
El seguro de vida merece un párrafo aparte
Un caso que se repite: el hijo "encargado"
La revisión que puedes hacer este mes
Lo que pasa si nadie reclama
Cuándo volver a revisar
Las preguntas para llevar
Impuestos Y Doble Tributación: Qué Preguntar Antes De Firmar Nada
Las familias de impuestos que suelen aparecer
Doble tributación: qué es y qué no
Una palabra sobre el dinero que ya mandas
Con quién hablar, y en qué orden
Dónde se verifican los números
Qué llevar a esa consulta
El impuesto que sí es seguro: el del tiempo
Un consejo sobre las promesas fiscales

Las preguntas para llevar
Quién Decide Si Tú No Puedes: Poderes Y Directivas
El vacío que se llena con un juez
Los tres documentos
Los límites que hay que conocer
Cómo se ve la incapacidad en una familia de dos países
A quién nombrar, y por qué no siempre es el mismo
La conversación sobre el cuerpo, que es la que más se evita
Nombra alternos y habla con ellos
Las preguntas para llevar
Elegir Sucesor Cuando La Familia Está Repartida
Qué le estás pidiendo realmente a esa persona
Las cualidades que de verdad importan
El factor geográfico
Los cuatro candidatos de siempre, y qué falla en cada uno
Cuando no hay nadie obvio
Cómo se le pregunta, y cómo se le dice al resto
Prepárala, no solo la nombres
Revísalo con el tiempo
Las preguntas para llevar
Buscar Ayuda En Dos Idiomas Y Dos Sistemas Legales
Primero: entender que necesitas más de una persona
Cómo se verifica a un abogado en Estados Unidos
Cómo se verifica al profesional del otro país
Cómo se encuentra a alguien, en la práctica
Las señales de alarma, de los dos lados
Cómo aprovechar una consulta
El idioma: quién traduce y por qué importa
Cuando el dinero es el problema
Coordinar a los dos lados sin que se estorben

Las preguntas para llevar

"Notario" No Significa Lo Mismo Aquí: Cómo No Te Estafen

Dos oficios, un nombre parecido

Por qué esto genera daño

La regla práctica

Cómo distinguir, en la práctica, quién es quién

Otros títulos que suenan a más de lo que son

La misma confusión, del otro lado

Para qué sí sirve, y sirve mucho

Las estafas que rodean este tema

Las preguntas para llevar

Tu Carpeta: Qué Guardar Y A Quién Decirle Dónde Está

La regla de las dos capas

Qué va en el índice

Dónde se guarda

A quién se le dice

Cómo se hace la conversación completa

Mantenerla viva

La versión mínima, si no tienes tiempo para nada más

Lo que no va en la carpeta

Una carpeta para cada uno

Las preguntas para llevar

Sobre el autor

Una última cosa

Introducción

Hay una carpeta de plástico que casi todas las familias como la tuya tienen en algún lugar de la casa. A veces está encima del refrigerador, a veces en el clóset del cuarto principal, dentro de una caja de zapatos que sobrevivió a tres mudanzas. Adentro hay papeles en dos idiomas: el título del carro, una póliza de seguro de vida, la copia de un acta de nacimiento con el sello borroso, un recibo del predial de un terreno que está a dos mil millas de aquí, y una escritura de allá que nadie de la casa ha vuelto a leer desde que se firmó.

Esa carpeta es, en la práctica, tu plan de sucesión. Y no lo es de verdad, porque una carpeta no decide nada. Solo espera.

Este libro es para las familias que tienen la vida repartida en dos países. La casa está aquí, con hipoteca y con el nombre de los dos esposos en la escritura. Pero también hay un terreno allá, o una parcela, o la casa de los papás en la que ahora vive un hermano, o una cuenta que se abrió hace años en el banco del pueblo y que sigue viva con unos pesos adentro. Y los herederos tampoco están todos del mismo lado: un hijo nació aquí, otro llegó de niño, una hermana nunca se movió, un sobrino vive en un tercer país. Cuando la vida se organiza así, el consejo estándar —"hazte un living trust y ya"— no es falso, pero está incompleto de una manera que puede costar caro.

Lo que este libro es

Este libro explica, en español y sin adornos, qué hace realmente un fideicomiso en vida —lo que en inglés se llama *living trust*— y, sobre todo, **dónde deja de hacer efecto**. Porque un fideicomiso creado en Estados Unidos es un instrumento de derecho estadounidense. Funciona donde manda un juez estadounidense. Cuando el bien está en otro país, quien decide qué pasa con ese bien no es el documento que firmaste en una oficina de Houston o de Chicago: es la ley del lugar donde ese bien se encuentra, aplicada por las autoridades de ese lugar.

Eso no es una mala noticia. Es simplemente el mapa real. Y tener el mapa real vale mucho más que tener una promesa bonita.

Vas a encontrar aquí un recorrido bien por bien: la casa de aquí, el terreno de allá, las cuentas de los dos lados, el seguro, las cuentas de retiro, los papeles de identidad que casi nunca coinciden entre un país y otro. En cada caso vamos a separar tres cosas: qué puede cubrir un fideicomiso estadounidense, qué queda fuera de su alcance, y qué preguntas concretas tienes que llevarle a un profesional para resolverlo bien.

También vas a encontrar algo que en este tema se agradece: honestidad sobre lo que no se puede saber desde un libro. Yo no sé en qué estado vives. No sé de qué país es tu terreno. No sé si la escritura de allá está a tu nombre, al de tu mamá que ya falleció, o a nombre de los tres hermanos por partes iguales. No sé si tu hijo mayor tiene número de seguro social o no. Cada una de esas variables cambia la respuesta correcta. Un libro que te diera una respuesta cerrada sin saber nada de eso te estaría mintiendo.

Lo que este libro no es

No es asesoría legal. No es un sustituto de un abogado. No trae formularios, ni modelos de declaración de fideicomiso, ni cláusulas para copiar y pegar.

Esa última parte molesta a algunos lectores, así que conviene explicarla. Hay libros que venden plantillas: "aquí tienes doce modelos, llénalos y ya tienes tu fideicomiso". El problema no es que los modelos sean malos en sí. El problema es que un fideicomiso mal redactado no falla el día que lo firmas; falla años después, cuando ya no estás para corregirlo y tu familia descubre que el documento no dice lo que tú creías que decía. En una familia con bienes en un solo estado, con un solo idioma y con hijos que viven a veinte minutos, el riesgo de un formulario genérico es moderado. En una familia como la tuya —dos países, dos sistemas legales, herederos con documentos distintos— ese riesgo se multiplica. Un documento que no toma en cuenta la parte de allá puede crear la ilusión de que todo está resuelto, y esa ilusión es peor que no tener nada, porque hace que nadie más se ocupe.

Tampoco vas a encontrar cifras. Ni cuánto cuesta un probate, ni cuál es el límite de exención de impuestos, ni qué porcentaje se lleva quién. Esos números existen, cambian con frecuencia y dependen del estado y del país. Cuando necesites uno, en el capítulo correspondiente te digo dónde se consulta la versión vigente: la corte de sucesiones de tu condado, la página oficial de la autoridad fiscal, el registro de la propiedad del lugar donde está el inmueble, el colegio o barra de abogados de tu estado. Un número escrito en un libro de hace dos años es un número equivocado disfrazado de dato.

Y no hablamos de inmigración. Ni de visas, ni de estatus, ni de trámites migratorios. Este libro habla de **bienes y herederos**: quién es dueño de qué y cómo pasa de una generación a otra. Si en tu situación hay una pregunta migratoria de por medio, esa pregunta se la haces a un abogado de inmigración, que es otra especialidad y otro tipo de licencia.

Cómo usarlo

No hace falta leerlo de corrido, aunque los primeros cinco capítulos conviene leerlos en orden: ahí se arma el vocabulario y el marco. Después, cada capítulo se sostiene solo. Si tu problema urgente es el terreno de allá, salta al capítulo siete. Si tu duda es a quién nombrar cuando tus hijos viven en ciudades distintas, ve al catorce.

Un consejo práctico: lee con lápiz y con la carpeta de plástico al lado. Casi cada capítulo te va a hacer descubrir un papel que no tienes, un nombre que está escrito de dos maneras distintas, o una cuenta de la que tu esposa no sabe nada. Anótalo. Al final del libro hay un capítulo dedicado a armar la carpeta de verdad

—la que sí sirve— y va a ser mucho más fácil si llegas ahí con la lista ya hecha.

Otro consejo, menos técnico y más importante: casi todo lo que este libro propone termina en una conversación con alguien de tu familia. Con tu esposo, con tus hijos, con el hermano que se quedó cuidando la casa de los papás. Son conversaciones incómodas. Se posponen durante años y luego se tienen a la fuerza, en el peor momento, con todos llorando y con abogados de por medio. Tenerlas antes, en una tarde tranquila, es probablemente lo más barato y lo más generoso que puedes hacer por la gente que quieres.

Una advertencia sobre el tono

Vas a notar que este libro dice "depende" muchas veces. No es falta de convicción: es precisión. En un tema donde la respuesta correcta cambia según el estado, el país, el tipo de bien y la forma en que está escrito el título de propiedad, cualquier autor que te prometa certeza absoluta te está vendiendo algo.

Lo que sí puedo darte con certeza es lo siguiente: el vocabulario para entender lo que te van a decir; el mapa de dónde está cada uno de tus bienes y qué ley lo gobierna; la lista de preguntas exactas que tienes que hacer para no salir de una consulta igual de perdido que entraste; y el criterio para distinguir a quien te puede ayudar de verdad de quien solo te va a cobrar.

Con eso, la carpeta de plástico deja de ser una espera y empieza a ser un plan.

El Mapa De Tu Patrimonio: Aquí, Allá Y En Medio

Un domingo por la tarde, con la mesa de la cocina despejada y el celular boca abajo, tú y tu esposa hacen una lista de todo lo que tienen. Parece un ejercicio de contabilidad aburrido. En realidad es el momento en que descubren que no están de acuerdo sobre quién es dueño de qué.

Ella cree que la casa está a nombre de los dos. Tú crees lo mismo, pero cuando sacas la escritura ves que dice algo en inglés que ninguno de los dos ha leído con cuidado, y que ahí aparece también el nombre de tu cuñado, que puso parte del enganche hace catorce años. El terreno de allá, según tú, "es de la familia". Según tu hermano, que sigue viviendo cerca, está a nombre de tu papá, que murió hace seis años, y nadie ha hecho el trámite. Las dos cosas pueden ser ciertas a la vez y las dos son un problema pendiente.

Antes de decidir si necesitas un fideicomiso, antes de pedir una cita con nadie, necesitas el mapa. Y el mapa se dibuja con una regla muy simple: **cada bien pertenece al lugar donde está, no al lugar donde vives tú**.

Las tres columnas

Toma una hoja y divídela en tres.

En la primera columna, **aquí**: todo lo que está físicamente o legalmente en Estados Unidos. La casa, el carro, la troca del trabajo, la cuenta de cheques, la de ahorros, la cuenta de retiro del trabajo, el seguro de vida contratado con una compañía estadounidense, las herramientas, el negocio si lo hay, el dinero que le prestaste a un primo y que él te va a pagar.

En la segunda columna, **allá**: todo lo que está en el país de origen o en cualquier otro país. El terreno, la casa de los papás si te toca una parte, la parcela, el local que rentas, la cuenta del banco de allá, un plan de ahorro o de pensión de allá, un carro registrado allá, la mitad de un negocio que dejaste con un socio.

En la tercera columna, **en medio**: las cosas que no se dejan clasificar tan fácil y que por eso son las más peligrosas. Una cuenta en un banco estadounidense pero con tu hermana de allá como cotitular. Una inversión hecha aquí sobre un inmueble que está allá. Una remesa mensual que sostiene a tu mamá y que todos dan por hecho que va a seguir. Una promesa verbal: "cuando yo falte, el terreno es para la más chica". Dinero prestado sin papel a alguien que vive del otro lado. Un seguro de vida contratado en un país y con beneficiario en el otro.

La tercera columna es donde se rompen las familias. No porque haya mala fe, sino porque son cosas que existen en la vida real y no existen en ningún documento.

Para cada renglón, cinco preguntas

Un bien no es solo un nombre. Para saber qué se puede hacer con él necesitas saber cinco cosas, y para casi ninguna vale tu memoria: hay que ir a ver el papel.

Uno: ¿dónde está? Físicamente y legalmente. Un inmueble está donde está la tierra. Una cuenta bancaria está donde está la institución. Una empresa está donde se registró.

Dos: ¿a nombre de quién está exactamente? No "de la familia", no "de nosotros". El nombre completo tal como aparece escrito en el documento, con sus apellidos, en el orden en que están escritos y con las faltas de ortografía que pueda tener. Esas faltas importan y tienen un capítulo entero más adelante.

Tres: ¿cómo está la titularidad? Aquí es donde casi todo el mundo se equivoca. Dos personas pueden aparecer en una escritura de maneras jurídicamente muy distintas, y esas formas cambian qué pasa cuando una de las dos muere. En Estados Unidos las formas de tener un bien en común tienen nombres específicos en inglés, y algunas hacen que el bien pase automáticamente al otro titular, mientras que otras no. Cuál aplica en tu caso depende del estado y de las palabras exactas que estén escritas. Esto no se adivina: se lee el documento con alguien que sepa leerlo.

Cuatro: ¿tiene beneficiario designado? Muchas cuentas —de retiro, de seguro de vida, algunas cuentas bancarias y de inversión— permiten nombrar a una persona que las recibe directamente al morir el titular. Cuando existe esa designación, manda ella, y no lo que diga tu testamento ni tu fideicomiso. Es uno de los descubrimientos más útiles de este libro y tiene su propio capítulo.

Cinco: ¿hay deuda encima? Hipoteca, gravamen, un préstamo con el bien como garantía, impuestos atrasados, predial sin pagar durante años en el caso del terreno de allá. Un bien con deuda no se hereda limpio: se hereda con la deuda pegada.

Los bienes que la gente olvida

Cuando pido que alguien haga esta lista, casi siempre queda completa en la parte grande y hueca en la parte chica. La casa nadie la olvida. Lo que se olvida es todo lo demás, y "todo lo demás" a veces suma más que la casa.

Los vehículos, por ejemplo. El carro de diario, la troca, el remolque, la motocicleta del hijo que está a tu nombre porque él no tenía crédito. Cada uno tiene un título y ese título dice algo.

Las cuentas de retiro del trabajo. Si has cambiado de empleo varias veces, es posible que tengas dinero dormido en el plan de una empresa donde trabajaste hace quince años y de la que ya ni te acuerdas del nombre. Ese dinero sigue siendo tuyo, sigue teniendo un beneficiario designado —o no tenerlo, que es peor— y va a aparecer tarde o temprano.

Las cosas que valen más de lo que parecen. Herramienta profesional. Equipo de trabajo. Una colección. Joyas de familia que vinieron de allá y que tienen más valor sentimental que de mercado, lo cual no las hace menos peligrosas: la mayoría de los pleitos entre hermanos no empiezan por la casa, empiezan por un anillo.

Y las deudas que otros te deben. Le prestaste dinero a un compadre para arrancar su negocio. Le mandaste a tu hermano para el techo de la casa de allá. Nadie firmó nada. Para ti es un préstamo; para el otro puede ser una ayuda. Si tú faltas, tus hijos no van a poder cobrar algo que no existe en papel, y si lo intentan, van a romper una relación. Vale la pena decidir en vida qué es cada cosa: si fue regalo, dilo y anótalo; si fue préstamo, ponlo por escrito con el otro presente y de acuerdo.

El error de dar cosas por hecho

Cuando la gente hace este ejercicio por primera vez, casi siempre aparecen tres sorpresas.

La primera: **un bien que creías tuyo y no lo está**. La casa de los papás allá, donde tú pusiste dinero para el techo y para la barda, sigue escriturada a nombre del papá difunto. No es tuya. No es de nadie todavía, en términos formales. Es un asunto abierto que alguien va a tener que cerrar, y mientras más años pasen, más caro y más difícil se vuelve, porque cada año que pasa mueren más personas de esa generación y se multiplican los herederos que tienen que firmar.

La segunda: **un bien que es tuyo y no sabías del todo**. Una cuenta que abriste hace veinte años y que sigue abierta. Un fondo de ahorro para el retiro de un trabajo que dejaste en 2009. Una póliza pequeña que te vendieron cuando nació tu primer hijo y que has estado pagando por descuento automático sin darte cuenta.

La tercera, y la más dolorosa: **una promesa que solo existe en la cabeza de una persona**. Tu mamá le dijo a tu hermana que el terreno era para ella. A ti nunca te lo dijo. Tu hermana lo cuenta como un hecho;

tú lo escuchas como una novedad. Ninguno de los dos está mintiendo. Simplemente la promesa nunca se escribió, y una promesa no escrita no la puede hacer cumplir nadie.

Qué recolectar esta semana

El mapa no se termina en una tarde. Pero se puede empezar. Esta semana, junta lo siguiente en un solo lugar:

- La escritura o el título de cada inmueble, aquí y allá. Copia completa, no la primera hoja.
- Los estados de cuenta más recientes de cada banco, aquí y allá.
- Las pólizas de seguro de vida, con la hoja donde dice quién es el beneficiario.
- Los papeles de las cuentas de retiro del trabajo, actual y anteriores.
- El acta de nacimiento y el acta de matrimonio, tuyas y de tu cónyuge, en su versión oficial.
- El acta de defunción de cualquier familiar cuyos bienes todavía estén sin repartir.
- El último recibo de predial o impuesto sobre la propiedad del terreno de allá.
- Los papeles de identificación de cada heredero: cómo se llama exactamente cada uno según su documento oficial.

Si algo no lo tienes, anótalo también. La lista de lo que falta es tan valiosa como la de lo que hay, porque conseguir un documento oficial de otro país toma semanas o meses, y siempre es más fácil hacerlo con calma que a las carreras.

Dónde se consiguen los papeles que faltan

Casi nadie tiene los ocho documentos completos. Conseguir los que faltan es trabajo lento pero no difícil, y conviene saber a qué puerta se toca.

La escritura de un inmueble en Estados Unidos está registrada en la oficina de registros del condado donde está la propiedad —el nombre exacto de esa oficina cambia según el estado, pero en el condado te saben decir cuál es—. Tú puedes pedir una copia certificada aunque hayas perdido la tuya, y normalmente se hace en persona o por correo con un cargo pequeño.

La documentación de un inmueble en otro país se consigue en el registro público de la propiedad de esa jurisdicción, y ahí sí conviene apoyarse en alguien de confianza que esté físicamente cerca, o en un profesional habilitado en ese país. No mandes a nadie a "hacer el trámite" sin saber exactamente qué documento estás pidiendo.

Las actas de nacimiento, matrimonio y defunción de Estados Unidos se piden al departamento de salud o de estadísticas vitales del estado donde ocurrió el hecho. Las de otro país se piden a su registro civil, y muchos consulados ayudan con eso o al menos te dicen el procedimiento vigente.

Las pólizas y las cuentas de retiro se piden a la compañía o al administrador del plan. Cuando pidas una póliza, pide expresamente la **hoja de designación de beneficiario vigente**, no solo el contrato: son dos papeles distintos y el que importa para la sucesión es el segundo.

Deja constancia de cada gestión: fecha, a quién le hablaste, qué te dijeron. Vas a repetir varias de estas llamadas y vas a agradecer no empezar de cero.

La conversación que abre el mapa

Hay una parte del mapa que no está en ningún cajón: está en la memoria de tus hermanos. Sobre todo la del que se quedó allá.

Esa llamada es más fácil si la haces sin agenda oculta. No empieces por "¿de quién es el terreno?". Empieza por "estoy poniendo mis papeles en orden aquí y me di cuenta de que no sé cómo quedó lo de la casa de mi papá; ¿tú sabes si se hizo algún trámite?". La diferencia de tono es enorme. La primera pregunta suena a reclamo de herencia. La segunda suena a lo que es: alguien tratando de entender.

Anota lo que te contesten, con fecha. Si te dicen que hubo un trámite, pide el nombre del documento y, si se puede, una foto. Si te dicen que no, ya sabes algo importantísimo que antes no sabías.

Una advertencia sobre esa llamada: no la conviertas en un interrogatorio y no la hagas en Navidad. Los temas de herencia tienen la mala costumbre de aparecer en las reuniones familiares, con copas de por medio y con público, que es exactamente la peor combinación posible. Llama un martes cualquiera, sin ocasión especial. Que sea una conversación aburrida es señal de que va bien.

Y guarda espacio para escuchar algo que no querías oír. Es posible que tu hermano te diga que él lleva doce años pagando el predial de esa casa y que considera que eso cuenta para algo. Puede que tenga razón, puede que no; eso lo resolverá quien tenga autoridad para hacerlo. Pero enterarte hoy es infinitamente mejor que enterarte el día que tus hijos y sus hijos tengan que ponerse de acuerdo sin ustedes.

Cuando tengas las tres columnas llenas, aunque sea a medias, estarás en condiciones de hacer la pregunta que da título al siguiente capítulo: qué es exactamente un living trust, y sobre cuáles de esos renglones puede realmente actuar.

Y cuando llegues con ese mapa a la oficina de un abogado con licencia en tu estado, esa consulta va a rendir tres veces más que la de alguien que llega diciendo "tengo una casa y unas cositas allá". El mapa es tu trabajo. Nadie más lo puede hacer por ti, porque nadie más se acuerda del terreno.

Qué Es Un Living Trust Y Qué No Es

En una sala de una iglesia, un sábado por la mañana, un señor con traje explica durante hora y media por qué toda la gente presente necesita un fideicomiso. Al final reparte tarjetas y ofrece una consulta gratuita. La palabra que más repite es "evitar": evitar la corte, evitar impuestos, evitar problemas, evitar abogados. Nadie en la sala pregunta qué es exactamente la cosa que están a punto de comprar.

Vale la pena empezar por ahí, sin prisa, porque casi todos los errores caros de este tema vienen de no entender la mecánica básica.

El truco es la propiedad, no el papel

Un fideicomiso en vida —*living trust* en inglés, también llamado *revocable living trust*— es un arreglo legal en el que una persona pone bienes bajo la administración de alguien, para beneficio de alguien, según reglas escritas por quien lo creó.

Suena abstracto. En la práctica es más sencillo de lo que parece: el fideicomiso funciona como una **caja legal con tu nombre y tus reglas**. Tú pasas bienes a esa caja. La caja, no tú, aparece como dueña. Y como la caja no se muere, cuando tú faltas no hace falta que un juez decida quién es el nuevo dueño de lo que está adentro: el propio documento ya lo dice.

Ese es todo el mecanismo. Todo lo demás son detalles.

Ahora, los detalles importan mucho.

Los tres papeles

En un fideicomiso hay tres funciones. Lo confuso para mucha gente es que, en un fideicomiso revocable típico, una misma persona ocupa las tres al mismo tiempo mientras vive.

Quien lo crea. En inglés lo vas a ver como *settlor*, *grantor* o *trustor*, según cómo lo redacte el abogado. En español se traduce como fideicomitente o constituyente. Es quien pone los bienes y escribe las reglas. Ese eres tú.

Quien lo administra. El *trustee*, o fiduciario. Es quien tiene la obligación legal de manejar lo que está en la caja siguiendo las reglas. Mientras vives y estás bien, normalmente el trustee eres tú mismo, así que tu vida diaria no cambia en nada: sigues vendiendo, comprando, refinanciando y gastando como siempre.

Quien recibe el beneficio. El beneficiario. Mientras vives, otra vez, eres tú. Después de tu muerte, son las personas que tú nombraste.

Y hay una cuarta figura que es la más importante de todas y la que menos se piensa: el **trustee sucesor**, la persona que toma el timón cuando tú ya no puedes —por muerte o por incapacidad—. A esa persona le vas a entregar poder real sobre el patrimonio de tu familia. Elegirla merece su propio capítulo, y lo tiene.

Revocable quiere decir revocable

La palabra "revocable" en el nombre no es decoración. Significa que mientras tú vivas y tengas capacidad, puedes cambiarlo, agregarle bienes, quitarle bienes, cambiar beneficiarios o cancelarlo por completo. No firmas algo irreversible.

Eso tiene una consecuencia que muchos vendedores no explican con claridad: si tú puedes sacar los bienes cuando quieras, entonces sigues teniendo control sobre ellos, y para muchos efectos legales y fiscales esos bienes se siguen tratando como tuyos. De ahí sale una regla que conviene grabar: **un fideicomiso revocable típico no es un escudo mágico**. No es un mecanismo para desaparecer patrimonio, no está diseñado para dejar de pagar lo que se debe, y no es lo mismo que un fideicomiso irrevocable, que es otro instrumento con otras consecuencias y otro nivel de complejidad. Si alguien te ofrece uno prometiendo blindaje total, mereces una segunda opinión antes de firmar.

Lo que un living trust sí suele hacer bien

Con los pies en la tierra, hay tres cosas que este instrumento hace bien en el contexto estadounidense, y por eso se usa tanto.

Primero, **evita el probate sobre los bienes que están dentro**. Probate es el procedimiento judicial de sucesión; tiene su propio capítulo más adelante. Lo importante aquí: si un bien está correctamente a nombre del fideicomiso, normalmente no tiene que pasar por ese procedimiento para llegar a tus herederos.

Segundo, **resuelve la incapacidad, no solo la muerte**. Esta es la ventaja que menos se promociona y que más se agradece. Si mañana un derrame o un accidente te deja sin poder decidir, el trustee sucesor puede tomar el control de lo que está en el fideicomiso sin que nadie tenga que ir a pedirle a un juez que te declare incapaz y nombre a un tutor. Ese procedimiento judicial es lento, público y doloroso, y esta es de las pocas maneras razonables de evitarlo.

Tercero, **da privacidad y da instrucciones detalladas**. A diferencia de un testamento que pasa por la corte, el fideicomiso normalmente no se vuelve un documento público. Y permite decir cosas que un reparto simple no permite: que a un hijo se le entregue por partes, que a otro se le pague la escuela, que la casa no se venda mientras viva tu esposa.

Lo que un living trust no hace

Aquí viene la parte que este libro considera su trabajo principal.

No cubre lo que no le pusiste adentro. Firmar el documento no transfiere nada. Cada bien tiene que pasar a nombre del fideicomiso mediante su propio trámite: una escritura nueva para la casa, un cambio de titularidad en el banco, un formulario para la cuenta de inversión. A eso se le llama "financiar" el fideicomiso, y es donde se caen la mitad de los planes: hay carpetas preciosas, encuadernadas, con el nombre en la portada, que están vacías porque nadie hizo las transferencias. Un fideicomiso sin financiar es un cascarón.

No sustituye al testamento. Casi siempre se firma junto con un testamento de respaldo —en inglés le dicen *pour-over will*— cuya función es recoger lo que se quedó fuera. Y ese testamento sí pasa por la corte. Si tu plan depende de él para lo importante, no está bien hecho.

No manda sobre las cuentas con beneficiario designado. Si tu póliza de seguro dice que el beneficiario es tu primera esposa, tu fideicomiso no cambia eso. Este punto sorprende a mucha gente y tiene capítulo propio.

No cambia lo que dice el título de un bien en común. Si una propiedad está en una forma de copropiedad que hace que pase automáticamente al otro titular al morir uno, eso ocurre fuera del fideicomiso. Cómo se llama esa figura y cómo funciona depende del estado, y la única manera de saberlo es que alguien con licencia en tu estado lea el documento real.

No paga tus deudas ni las borra. Lo que se debe se sigue debiendo.

Y —lo central de este libro— no tiene autoridad fuera de Estados Unidos. El terreno de allá no entra a esa caja por el hecho de que lo escribas en una lista. Por qué no, y qué se hace entonces, es el tema del capítulo cuatro y del siete.

Financiar el fideicomiso: el trabajo que nadie te cuenta

Como esta es la falla más común, merece un poco más de detalle, aunque el procedimiento exacto varía según el bien y el estado.

Para un inmueble en Estados Unidos hay que preparar y registrar una escritura nueva que transfiera la propiedad de ti, persona, al fideicomiso. Ese documento se firma con las formalidades que exija el estado y se presenta en la oficina de registros del condado. No basta con guardarlo en un cajón: si no está registrado, para el mundo exterior la casa sigue siendo tuya.

Para una cuenta bancaria, el trámite se hace en la institución: hay que llevar el fideicomiso o el resumen del fideicomiso —los bancos suelen pedir un documento corto, en inglés llamado *certification of trust*, que prueba que el fideicomiso existe y quién es el trustee sin revelar todos los detalles privados— y pedir que la cuenta se cambie de titular. Algunos bancos lo resuelven en una visita; otros mandan el caso a un departamento legal y tardan semanas.

Para un vehículo, el trámite pasa por la oficina de vehículos del estado, y en algunos casos conviene no meterlo al fideicomiso por razones prácticas de seguro. Eso se pregunta.

Para una empresa o una participación en una sociedad, casi siempre hay que revisar antes los documentos internos: es común que un acuerdo entre socios limite a quién puedes transferir tu parte, incluso a tu propio fideicomiso.

Dos consejos que valen para todos los casos. Uno: pide a quien te redacte el fideicomiso una **lista escrita de las transferencias pendientes**, con quién se encarga de cada una —él o tú— y en qué plazo. Dos: guarda el comprobante de cada transferencia junto al documento. El día que alguien tenga que administrar esto, esos comprobantes son la diferencia entre una tarde de trabajo y seis meses de investigación.

Qué pasa con el fideicomiso mientras vives

Una duda razonable, y muy frecuente: si la casa ya no está a mi nombre sino a nombre del fideicomiso, ¿pierdo algo?

En un fideicomiso revocable normal, en el día a día no cambia casi nada: sigues viviendo en la casa, sigues pudiendo venderla, y sigues siendo tú quien decide. Pero hay tres puntos prácticos que sí conviene verificar antes, no después, y ninguno tiene una respuesta universal.

La hipoteca. Muchos préstamos hipotecarios tienen cláusulas sobre qué pasa si cambia la titularidad del inmueble. Existen protecciones para transferencias a fideicomisos de este tipo, pero el alcance depende del contrato y de la ley aplicable. Avisa al prestamista y pídelo por escrito.

El seguro de la casa. Si el dueño registrado cambia, la póliza debe reflejarlo. Una casa asegurada a nombre de alguien que ya no es el dueño registrado es una discusión esperando a ocurrir el día del siniestro. Una llamada a tu agente lo resuelve.

Los beneficios fiscales locales sobre la vivienda. Varios estados y condados otorgan reducciones o protecciones al inmueble donde vives. Si esos beneficios se conservan o no al transferir la casa a un fideicomiso depende del estado y a veces del condado. Se pregunta en la oficina del tasador o assessor del condado y se confirma con el abogado. Perder una exención por descuido es un costo silencioso que se paga cada año.

La pregunta correcta no es "¿necesito uno?"

La pregunta con la que llega casi todo el mundo es si necesita un fideicomiso. Es una pregunta pobre, porque tiene respuesta de vendedor.

Las preguntas útiles son otras, y estas sí las puedes llevar a una consulta con un abogado con licencia en tu estado:

- Con los bienes que tengo y cómo están titulados hoy, ¿cuáles pasarían por probate si yo faltara mañana, y cuáles no?
- ¿Cuáles de mis bienes se pueden poner en un fideicomiso y cuáles no conviene poner, y por qué?
- ¿Qué pasa con el bien que está fuera de Estados Unidos, y a quién tengo que consultar en ese país?
- Si yo quedo incapacitado, ¿quién puede firmar por mí hoy? ¿Y con qué documento?
- ¿Qué me va a costar mantener esto actualizado, y cada cuánto hay que revisarlo?

Nota que ninguna de esas preguntas empieza por el producto. Empiezan por tu situación. Un profesional serio va a querer ver tu mapa —el del capítulo anterior — antes de recomendarte nada; si alguien te recomienda un fideicomiso antes de saber qué tienes y dónde está, no te está asesorando, te está vendiendo.

Una advertencia sobre los seminarios

No todos los seminarios gratuitos son una trampa, y hay abogados serios que enseñan así. Pero conviene ir con dos reglas en el bolsillo.

La primera: no firmes nada el mismo día. Ningún plan patrimonial honesto se echa a perder por esperar una semana.

La segunda: pregunta directamente si la persona que te va a redactar el documento es un abogado con licencia en tu estado, y confírmalo tú después por tu cuenta, con la barra de abogados de tu estado, que tiene un directorio público. Hay quien vende paquetes de fideicomisos sin ser abogado, y en un tema donde el error se descubre años después, esa verificación de diez minutos vale mucho.

La tercera, más incómoda pero necesaria: pregunta qué incluye el precio y qué no. Concretamente, si incluye las transferencias de bienes, si incluye una revisión dentro de unos años, y qué se cobra por cada cambio posterior. Un precio bajo que deja las transferencias en tus manos no es más barato: es más caro, porque la parte que no se hizo es justamente la que hace funcionar el instrumento.

Hay una señal de alarma adicional que en las familias transnacionales aparece seguido. Si la persona que te atiende escucha "tengo un terreno en el país de mi mamá" y contesta sin parpadear "no hay problema, lo metemos al fideicomiso", esa respuesta rápida es motivo suficiente para levantarse de la silla. La respuesta correcta a esa frase, dicha por alguien serio, empieza con una pregunta: ¿en qué país, a nombre de quién y con qué documento? Y sigue con una advertencia: para eso vas a necesitar también a alguien habilitado allá.

Con el vocabulario ya en la mano, podemos ir a la pregunta que nadie en aquel salón de la iglesia hizo: qué pasa con lo que está del otro lado.

Por Qué Un Fideicomiso De Estados Unidos Se Detiene En La Frontera

Imagínate que llegas al aeropuerto del país donde nació tu mamá con una multa de tránsito de Nevada en la mano y le pides al policía de allá que la cobre. No es que la multa sea falsa. Es que ese policía no trabaja para Nevada.

Esa escena ridícula explica, mejor que cualquier definición, el punto entero de este capítulo. Un documento legal no tiene fuerza por estar bien redactado. Tiene fuerza porque detrás de él hay una autoridad que puede hacerlo cumplir. Y ninguna autoridad manda fuera de su territorio.

Jurisdicción, en cristiano

Jurisdicción es simplemente el territorio y las materias sobre las que una autoridad puede decidir. Un juez de tu condado puede ordenar que se cambie el registro de una casa que está en su condado. Puede ordenar que un banco de su estado entregue un dinero. Puede sancionar a alguien que vive en su estado y desobedece.

Lo que ese juez no puede hacer es ordenarle nada al registro de la propiedad de otro país. No porque sea injusto: porque el otro país tiene sus propios jueces, sus propias leyes y su propio registro, y esa es la definición misma de país.

Tu fideicomiso es un documento creado bajo la ley de un estado de Estados Unidos. Vive dentro de ese sistema. Cuando alguien tenga que hacerlo valer, va a acudir a ese sistema. Todo lo que esté dentro de ese sistema —la casa de aquí, la cuenta de aquí— queda cubierto sin drama. Todo lo que esté afuera es otra conversación.

La regla que ordena casi todo: el bien manda

Hay un principio muy extendido en materia de bienes inmuebles y conviene entenderlo como una regla de orientación general, no como una fórmula: **la tierra se rige por la ley del lugar donde está la tierra**.

Una casa no se puede mover. Está clavada en un territorio concreto, inscrita en un registro concreto, sujeta a los impuestos de una autoridad concreta. Por eso, en términos generales, quién puede ser su dueño, cómo se transmite y qué formalidades se necesitan lo decide el sistema legal de ese lugar. Da igual dónde vivía el difunto, dónde se firmó el papel o en qué idioma estaba escrito.

Los bienes que no están clavados al suelo —dinero en cuentas, inversiones, pólizas, cosas muebles— siguen reglas distintas, que dependen de dónde está la institución, de dónde vivía la persona y del tipo de bien. Ahí no hay una regla única y es exactamente donde más se equivoca la gente al suponer.

Lo que no cambia nunca es la consecuencia práctica: **para cada bien hay que preguntar quién manda sobre ese bien**, y la respuesta puede ser distinta para cada renglón de tu lista.

Por qué no puedes simplemente "meter" el terreno

Cuando alguien redacta un fideicomiso, suele adjuntarse una lista de bienes. Mucha gente ve esa lista y concluye, razonablemente, que escribir ahí el terreno de allá lo mete al fideicomiso.

No es así, y la razón es mecánica, no legalista. Un bien entra al fideicomiso cuando **el registro correspondiente reconoce al fideicomiso como titular**. Para una casa en Estados Unidos eso significa una escritura registrada en el condado. Para un inmueble en otro país significaría que el registro de ese país inscriba como propietaria a una figura jurídica extranjera.

¿Puede hacerse? Depende enteramente del país. Hay países cuyo sistema no conoce la figura del fideicomiso anglosajón y no tiene una casilla donde ponerla. Hay países que sí tienen figuras parecidas pero con su propio nombre, sus propios requisitos y sus propias consecuencias fiscales, que no son las mismas del instrumento estadounidense. Hay países con reglas particulares sobre quién puede ser dueño de tierra en ciertas zonas. Y hay países donde la respuesta correcta depende de la región.

Yo no puedo decirte cuál es el caso del tuyo, y desconfía de quien te lo diga sin haberlo consultado. Lo que sí puedo decirte es la pregunta exacta que hay que hacer, y a quién: **a un profesional habilitado en ese país** —abogado, notario en el sentido que esa palabra tiene allá, o el especialista que corresponda—, y la pregunta es: *¿el registro de la propiedad de esta jurisdicción puede inscribir como titular a un fideicomiso constituido en el extranjero? Y si no puede, ¿qué instrumentos existen aquí para lograr que este bien pase a estas personas cuando yo falte?*

Las herencias forzosas: la sorpresa que más duele

Hay otra diferencia estructural entre sistemas legales que conviene conocer aunque sea a grandes rasgos, porque cuando aparece, aparece de golpe.

En buena parte de Estados Unidos, una persona tiene bastante libertad para decidir a quién deja sus bienes. Puede dejar más a un hijo que a otro, o nada a uno de ellos, con ciertas protecciones —sobre todo para el cónyuge— que varían según el estado.

En muchos otros sistemas legales del mundo, no. Existen figuras que reservan por ley una porción de la herencia a ciertos familiares —hijos, cónyuge, a veces padres—, con independencia de lo que el difunto haya querido. Los nombres cambian; la idea es que hay una parte de tu patrimonio sobre la que tu voluntad no manda del todo.

Esto significa que un mismo señor puede, en teoría, tener plena libertad sobre su casa de aquí y libertad limitada sobre su terreno de allá. Y significa que un reparto que en el papel estadounidense se ve perfectamente equilibrado puede, en la práctica, no poder ejecutarse igual del otro lado.

No te estoy diciendo que ese sea tu caso. Te estoy diciendo que es una pregunta que **tienes que hacer**, y que se la haces al profesional del país donde está el bien, con esta redacción: *¿la ley de aquí reserva una porción obligatoria a determinados herederos sobre este bien? ¿Quiénes serían en mi caso?*

Un mismo señor, dos reglas: cómo se ve en la práctica

Piensa en un hombre que lleva treinta años trabajando en el norte de Illinois. Tiene casa propia con hipoteca casi pagada, una cuenta de cheques, una de ahorros, una cuenta de retiro del trabajo, un seguro de vida y una troca. Del otro lado tiene una parcela heredada de su padre y una casita en el pueblo que renta desde hace años. Tiene tres hijos: dos nacidos aquí, uno que se quedó allá con la abuela y ya hizo su vida en el pueblo.

Ese señor va con un abogado en Illinois y sale con un fideicomiso impecable, un testamento de respaldo, un poder y una directiva médica. Todo bien hecho. Todo válido.

El día que él falte, sus dos hijos de aquí van a poder resolver la casa, las cuentas y la troca siguiendo el documento, con un trámite ordenado y sin corte. Y su hijo de allá va a descubrir que para la parcela y la casita ese documento, por sí solo, no le abre ninguna puerta. Va a tener que iniciar un procedimiento en su país, con las reglas de su país, probablemente con la participación de sus dos hermanos, que están a tres mil millas y que no hablan bien el español escrito y no entienden por qué hay que firmar tantos papeles.

Nadie hizo nada mal. Simplemente el plan se hizo completo de un lado y quedó vacío del otro.

Ahora imagina la misma familia con una diferencia: el señor, además, fue con un profesional habilitado en su país de origen, resolvió el instrumento que allá corresponda para esos dos inmuebles, dejó copias en ambos lados y les dijo a sus tres hijos, sentados los tres a la misma mesa por videollamada, qué había hecho y por qué. El día que falte, sus hijos van a tener trabajo, papeleo y trámites. Lo que no van a tener es una sorpresa ni un pleito.

Esa es toda la diferencia que este libro persigue.

Las frases que deberían encender una alarma

En este tema circulan frases que suenan bien y que, dichas sin matices, son señales de que quien las dice o no sabe o no le importa.

"Con el fideicomiso ya queda todo protegido, aquí y allá." La palabra "todo" es el problema. Ningún instrumento cubre todo.

"El terreno lo ponemos en la lista de bienes y listo." Ya vimos por qué una lista no transfiere nada.

"Con un poder notarial que firmes aquí, tu hermano allá arregla todo." Un poder puede ser útil, pero su validez y su forma dependen del país donde se va a usar, casi siempre requiere trámites adicionales de legalización y traducción, y en la mayoría de los sistemas **un poder deja de tener efecto cuando la persona que lo otorgó muere**. Un poder no es un plan de sucesión.

"No hace falta que nadie sepa, con que esté el papel basta." Un papel que nadie sabe que existe es un papel que no existe.

"Eso lo arreglamos después, cuando pase algo." Después es exactamente cuando ya no se puede arreglar, porque la persona que tenía que firmar es la que falta.

Si escuchas alguna de estas, no discutas. Simplemente pide la misma información por escrito. Casi nadie escribe una promesa que no puede sostener.

Lo que sí atraviesa la frontera

No todo se detiene. Vale la pena ser justo con el instrumento.

Un fideicomiso estadounidense puede nombrar como beneficiaria a una persona que vive en otro país. Eso no está prohibido y no es raro. Lo que hay que resolver son cuestiones prácticas —identificación, forma de pago, tiempos, obligaciones de reporte— y a eso le dedicamos un capítulo entero.

Un fideicomiso puede recibir el dinero que produzca un bien extranjero una vez que ese dinero llegue legalmente a manos de sus dueños. Si el terreno de allá se vende siguiendo el procedimiento de allá y el producto termina en una cuenta estadounidense a nombre del fideicomiso, ahí ya está adentro. Lo que no puede es saltarse el procedimiento de allá.

Y un fideicomiso puede documentar tu voluntad de una manera que ayude a tu familia a entender qué querías, aunque en el otro país haga falta un instrumento distinto para ejecutarla. Eso no tiene fuerza jurídica del otro lado, pero tiene un valor enorme para evitar pleitos entre hermanos.

La consecuencia práctica: casi siempre hacen falta dos planes

De todo lo anterior sale la idea central de este libro, y si te quedas con una sola frase, que sea esta: **una familia con bienes en dos países casi siempre necesita dos planes coordinados, no uno que pretenda cubrirlo todo**.

Un plan del lado estadounidense, hecho por un abogado con licencia en tu estado, que se ocupe de la casa, las cuentas, los seguros, las cuentas de retiro y la incapacidad.

Un plan del lado de allá, hecho por un profesional habilitado en ese país, que se ocupe del inmueble, de las cuentas locales y de lo que allá se requiera.

Y una coordinación entre ambos, que es la parte que casi nadie hace. Coordinar significa, como mínimo, que cada profesional sepa que el otro existe y qué está haciendo; que los documentos no se contradigan —dos papeles que dicen cosas distintas sobre el mismo bien son una demanda garantizada—; que los nombres de las personas estén escritos igual en los dos lados; y que alguien de tu familia sepa que los dos planes existen y dónde están.

Esa coordinación cuesta dinero y tiempo. Cuesta menos, muchísimo menos, que un pleito internacional entre hermanos que se llevará años y que se resolverá cuando ya nadie se hable.

Cuándo empezar por el lado de allá

Casi todo el mundo empieza por el lado estadounidense, porque es donde vive y donde tiene la cita más fácil de conseguir. En general está bien. Pero hay tres situaciones en las que conviene invertir el orden y resolver primero lo de allá.

La primera: cuando el bien de allá **todavía no está a tu nombre**. Si la escritura sigue a nombre de un padre o una madre que ya falleció, no hay plan que valga: primero hay que cerrar esa sucesión pendiente. Hacer un fideicomiso aquí sobre algo que legalmente no es tuyo no arregla nada y puede complicar las cosas.

La segunda: cuando el bien de allá **vale más que todo lo de aquí**. Ocurre más de lo que parece, sobre todo con terrenos que se revalorizaron. Si el grueso del patrimonio está del otro lado, el plan importante está del otro lado.

La tercera: cuando hay **coherederos allá que ya están ocupando o usando el bien**. Un hermano que vive en la casa, un primo que siembra la parcela. Ahí no hay solución documental sin conversación previa, y esa conversación es más honesta antes de que aparezcan abogados.

Las preguntas para llevar

De este capítulo salen cuatro preguntas concretas. Escríbelas.

Para el abogado con licencia en tu estado: *¿qué parte de mi patrimonio queda realmente cubierta por el plan que me estás proponiendo, y qué parte no? Ponlo por escrito.*

Para el profesional del país donde está el bien: *¿reconoce este sistema a un fideicomiso extranjero como titular de un inmueble? Si no, ¿qué se usa aquí?*

Para el mismo profesional: *¿hay herederos con derechos reservados por ley sobre este bien?*

Y para los dos, la misma: *¿estarías dispuesto a hablar una vez con el profesional del otro lado?* La respuesta a esa pregunta te dice mucho sobre con quién estás tratando.

Probate: La Palabra Que Asusta Y Lo Que Realmente Significa

Un vendedor de planes patrimoniales pronuncia la palabra *probate* como quien pronuncia el nombre de una enfermedad. Baja la voz, hace una pausa y deja que el silencio trabaje. Es una técnica eficaz porque casi nadie sabe qué es, y lo que no se entiende da más miedo.

Vamos a quitarle el misterio. No porque sea inofensivo —puede ser lento, caro y público—, sino porque el miedo mal informado te hace tomar malas decisiones, y en este tema hay gente dispuesta a cobrarte por tu miedo.

Qué es, sin adornos

Probate es el procedimiento por el cual una corte supervisa el traspaso de los bienes de una persona que murió. Es, en esencia, un mecanismo de verificación: alguien tiene que confirmar que el testamento es auténtico, que la persona que dice ser el albacea lo es, que los acreedores tuvieron oportunidad de cobrar y que los bienes llegaron a quien debían llegar.

En español se traduce como sucesión o juicio sucesorio, aunque no son exactamente lo mismo en todos los países. Como el lector va a ver la palabra escrita en inglés en cada papel que le llegue, en este libro la dejamos así.

Existe porque, sin ella, cualquiera podría presentarse en un banco con una hoja escrita a mano diciendo que el difunto le dejó todo. La corte es el filtro. El costo de ese filtro es tiempo, dinero y publicidad; el beneficio es certeza.

Cómo funciona, a grandes rasgos

Los detalles cambian de estado a estado —y cambian bastante, así que lo que sigue es solo el esqueleto general y hay que confirmarlo con un abogado con licencia en el estado que corresponda—, pero la secuencia suele parecerse a esta.

Alguien presenta el testamento, si lo hay, ante la corte del condado donde vivía el difunto, y pide ser nombrado representante. La corte lo nombra y le entrega un documento que acredita su autoridad; sin ese documento, ningún banco le va a hablar. Ese representante hace un inventario de los bienes, avisa a los herederos y a los acreedores conocidos, publica un aviso para los desconocidos, paga deudas e impuestos pendientes, y al final rinde cuentas y reparte lo que queda. La corte cierra el caso.

Si no hay testamento, el procedimiento existe igual, pero quién hereda lo decide la ley del estado según un orden de parentesco. Ese orden **no siempre coincide con lo que la familia daba por hecho**, y es una de las razones más fuertes para no morir sin haber escrito nada.

Qué es verdad de lo que se dice

Hay tres críticas habituales al probate y las tres tienen fundamento.

Toma tiempo. Meses en los casos simples, más en los complicados. Cuánto exactamente depende del estado, del tribunal, del tamaño del patrimonio y de si alguien pelea. Mientras el caso está abierto, los bienes no se pueden repartir libremente, y eso tiene un costo real para una familia que dependía de ese ingreso.

Cuesta dinero. Hay costos de corte, y normalmente honorarios profesionales. Cómo se calculan esos honorarios varía enormemente: en algunos estados se fijan por ley en función del valor del patrimonio, en otros se cobran por hora. No te voy a dar cifras porque cualquier cifra que escriba será falsa en tu condado o en tu año; el dato real lo tiene la corte de sucesiones de tu condado, que casi siempre publica su tabla de costos, y un abogado local.

Es público. El expediente, en general, se puede consultar. Eso significa que cualquiera puede ver qué había y quién lo recibió. A muchas familias eso no les importa; a otras les importa mucho, sobre todo cuando hay un negocio o cuando la familia es conocida en su comunidad.

Qué es exageración

También hay tres exageraciones que conviene desactivar.

La primera: que probate se "come" la herencia. Los costos son reales, pero la idea de que el estado se queda con una parte enorme de los bienes es, en general, propaganda de venta. Pregunta el número real en tu condado.

La segunda: que todo patrimonio pasa por probate. Muchos estados tienen procedimientos abreviados o simplificados para patrimonios pequeños, con requisitos y límites que cambian de estado a estado. Y una parte importante de lo que la gente tiene —cuentas con beneficiario designado, seguros de vida, ciertos bienes en copropiedad— normalmente pasa fuera del procedimiento sin necesidad de fideicomiso alguno. A veces la respuesta correcta para una familia no es un fideicomiso: es corregir tres designaciones de beneficiario. Un profesional honesto te lo dirá.

La tercera: que evitar el probate es siempre el objetivo principal. Para una familia como la tuya, con bienes en dos países, evitar el probate estadounidense es apenas una parte del problema. Puedes lograrlo perfectamente y seguir teniendo el asunto de allá sin resolver, que probablemente sea el más difícil de los dos.

El punto que te importa: el probate del otro estado

Aquí viene lo específico de tu situación, y es un detalle poco conocido que vale el precio del libro.

El probate se abre, normalmente, en el estado donde vivía la persona. Pero cuando el difunto era dueño de un inmueble en **otro** estado, ese inmueble está sujeto a la autoridad de aquel otro estado. Y con frecuencia hace falta abrir allá un procedimiento adicional, que en inglés se llama *ancillary probate* —probate auxiliar o accesorio—.

Traducido: dos procedimientos, dos cortes, dos abogados, dos calendarios. Para una familia que compró una casita de retiro en otro estado, o que tiene un terrenito heredado en el estado de donde llegó primero, esto es una sorpresa desagradable y perfectamente evitable con planeación.

Y ahora extiende la idea al otro lado de la frontera. Si un inmueble en otro estado desencadena un procedimiento adicional en ese estado, un inmueble en otro país desencadena un procedimiento adicional en ese país, con sus propias reglas, su propio idioma y sus propios tiempos, que suelen ser más largos. No se llama *ancillary probate* porque ese término es estadounidense; se llama como se llame allá. La lógica es la misma: **cada jurisdicción quiere ver el asunto con sus propios ojos**.

Lo que le toca hacer a la familia mientras el caso está abierto

Hay una parte del probate de la que casi nadie habla y que en las familias transnacionales pesa mucho: el trabajo humano.

Mientras el procedimiento avanza, alguien tiene que ser el que contesta el teléfono. Alguien tiene que ir a la corte, juntar documentos, hablar con el banco, atender al abogado, avisarles a los demás hermanos qué está pasando. Si los hermanos viven en distintos países, esa persona además va a tener que explicar el sistema estadounidense en español, por teléfono, a gente que no lo conoce y que —con toda razón— desconfía de lo que no entiende.

Ese trabajo recae casi siempre sobre la misma persona: la que vive más cerca, la que habla mejor inglés, la que "siempre se encarga". Y ese desgaste es una de las fuentes reales de resentimiento familiar. El hermano de allá cree que el de aquí está tardando a propósito; el de aquí siente que nadie le agradece seis meses de trámites.

Se puede prevenir. Se previene diciendo en vida quién va a ser esa persona, diciéndoselo a todos, y dejando por escrito que esa persona puede ser compensada por su trabajo si así lo decides. En un fideicomiso eso se puede prever expresamente; pregúntalo al redactarlo.

Una nota sobre las prisas

Un patrón que se repite: alguien muere, y a los pocos días la familia empieza a mover cosas. Se vacía una cuenta porque "así lo hubiera querido", se vende un carro, alguien se lleva unas herramientas, se cobra un cheque que llegó a nombre del difunto.

Cada uno de esos movimientos, hecho antes de que exista una autoridad reconocida —un representante nombrado por la corte o un trustee sucesor actuando bajo el fideicomiso—, puede convertirse en un problema serio: para el patrimonio, para los acreedores y sobre todo para quien lo hizo, que puede terminar personalmente responsable.

La regla práctica es sencilla y aburrida: en los primeros días se paga lo urgente para preservar los bienes —el seguro de la casa, la luz para que no se congelen las tuberías— con recibos de todo, y no se reparte nada. Nada. Hasta que alguien con autoridad formal lo autorice.

Lo que un fideicomiso hace y no hace con el probate

Con todo lo anterior en la mano, la relación entre las dos cosas queda clara.

Un fideicomiso bien financiado saca del probate los bienes que están dentro de él. Ese es su beneficio principal en Estados Unidos y es real.

No saca del probate lo que quedó fuera. Si no transferiste la casa, la casa pasa por corte, tengas o no fideicomiso.

No elimina la necesidad de que alguien haga el trabajo. Alguien —el trustee sucesor— tiene que localizar bienes, pagar deudas, presentar declaraciones y repartir. Sin juez, pero con responsabilidad y con posible rendición de cuentas a los beneficiarios.

Y no toca en absoluto el procedimiento que corresponda en el otro país sobre el bien que está allá.

El caso del difunto que vivía en dos lugares

Hay una complicación que las familias transnacionales conocen bien: la persona que pasaba temporadas largas de los dos lados. Seis meses aquí con los hijos, seis meses allá en la casa del pueblo. Licencia de manejar de un estado, cuentas en dos países, dirección postal en casa de una hija.

Cuando esa persona muere, aparece una pregunta que parece burocrática y no lo es: **¿dónde vivía realmente?** Los sistemas legales usan conceptos como domicilio o residencia habitual para decidir qué corte tiene competencia y qué ley se aplica a ciertos bienes. Y esos conceptos no se resuelven con lo que la familia sienta que era verdad, sino con evidencia: dónde pagaba impuestos, dónde votaba, dónde estaba su médico, dónde tenía su casa principal, dónde decía él mismo que vivía en sus documentos.

Cuando la evidencia apunta claramente a un lado, no hay problema. Cuando está repartida a la mitad, se abre la puerta a discusiones caras: dos autoridades que se consideran competentes, dos criterios distintos, y una familia pagando profesionales en dos países para resolver algo que se pudo haber aclarado en vida.

Si tú eres esa persona, o tu papá o tu mamá lo son, vale la pena hablarlo con un abogado ahora y dejar la situación lo más clara posible. No se trata de fingir nada; se trata de que los papeles digan de manera coherente lo que de verdad ocurre.

Cómo averiguar tu situación real

Antes de contratar nada, hay dos gestiones que puedes hacer tú, gratis o casi.

Una: entra a la página de la corte de sucesiones —*probate court*— de tu condado. Casi todas tienen una sección de información pública con los pasos del procedimiento, los formularios oficiales, los costos y si existe un procedimiento simplificado para patrimonios pequeños. Muchas tienen materiales en español, y las que no, se leen igual con paciencia. Ahí está el dato real, no el del folleto.

Dos: si tu condado tiene un programa de asistencia legal o una clínica de la barra de abogados, apúntate a una consulta breve. No van a redactarte un plan, pero sí suelen aclarar si tu caso es simple o complicado, que es lo que necesitas saber antes de gastar.

Una nota sobre el testamento hecho en el otro país

Aparece a menudo y merece una aclaración de principio, sin entrar en las reglas de ningún sistema concreto.

Muchas familias tienen un testamento otorgado hace años en el país de origen, y suponen que ese documento resuelve también lo de aquí. Otras tienen un testamento estadounidense y suponen lo mismo en sentido contrario.

La lógica del capítulo cuatro se aplica igual: cada jurisdicción decide, con sus propios criterios, qué documentos reconoce y con qué requisitos. Que un testamento extranjero sea reconocido, y qué trámite haga falta para ello, depende del lugar donde se quiera usar y del tipo de bien.

Dos consecuencias prácticas. Primera: si tienes un testamento en el otro país, dilo expresamente a tu abogado de aquí y lleva una copia; que exista un documento anterior que nadie mencionó es una de las maneras más rápidas de crear una contradicción. Segunda: si vas a otorgar documentos en los dos lados, pide a cada profesional que redacte de manera que no se pisen —normalmente delimitando con claridad qué bienes cubre cada uno—. Dos documentos que dicen cosas distintas sobre el mismo bien no se anulan solos: los desenreda un juez, y eso cuesta.

Las preguntas para llevar

Para el abogado con licencia en tu estado:

- Con mis bienes de hoy, ¿qué pasaría exactamente por probate y qué no?
- ¿Mi estado tiene un procedimiento simplificado, y yo calificaría?
- ¿Cómo se calculan aquí los honorarios de una sucesión: por hora o en función del valor?
- Tengo un inmueble en otro estado. ¿Haría falta un procedimiento adicional allá, y cómo se evita?
- ¿Hay algo más barato que un fideicomiso que resuelva la mayor parte de mi caso?

Esa última pregunta es la que separa a un asesor de un vendedor. Hazla siempre. Y si la respuesta es "no, usted necesita el paquete completo" sin haber revisado tu lista de bienes, ya sabes con quién estás hablando.

La Casa En Estados Unidos

La casa es el bien que más significa y el que peor se documenta. Es donde crecieron los hijos, es el símbolo de que valió la pena venir, y es también el activo sobre el que más suposiciones equivocadas circulan dentro de una misma familia.

Empecemos por el papel, porque todo lo demás depende de él.

El título dice lo que dice

En Estados Unidos la propiedad de un inmueble consta en un documento —la escritura, en inglés *deed*— que se inscribe en la oficina de registros del condado donde está la propiedad. Ese documento tiene tres partes que a ti te importan: quién transfiere, quién recibe, y **con qué palabras exactas** se describe a quien recibe.

Esa tercera parte es la que casi nadie mira y la que decide qué pasa el día que uno de los dueños muere.

Cuando hay dos o más personas en el título, existen distintas formas jurídicas de tener una propiedad en común. Algunas hacen que, al morir uno, su parte pasa automáticamente al otro sin pasar por corte. Otras hacen que la parte del difunto se quede en su patrimonio y siga el camino normal de la herencia. Y en algunos estados existen figuras adicionales para matrimonios, o reglas especiales sobre bienes adquiridos durante el matrimonio, que cambian el resultado otra vez.

Cuál de todas aplica en tu caso depende de dos cosas: del estado donde está la casa y de las palabras concretas que aparecen escritas en tu escritura. No es adivinable desde un libro y no es adivinable desde tu memoria. Es una lectura de diez minutos que tiene que hacer alguien con licencia en ese estado.

Así que el primer encargo de este capítulo es literal: **saca tu escritura y léela, aunque no la entiendas**. Si no la tienes, pide copia en la oficina de registros del condado. Fíjate en cómo están escritos los nombres, en si aparece alguien que ya no debería aparecer, en si hay una frase después de los nombres que tú nunca habías notado. Lleva esa hoja a la consulta. Sin ella, la consulta es una conversación teórica.

Los nombres en la escritura

Aquí aparece el primer problema típico de las familias como la tuya, y merece atención porque se arrastra durante décadas.

En muchos países hispanohablantes una persona lleva dos apellidos, el del padre y el de la madre. En Estados Unidos el sistema espera un nombre, quizá un segundo nombre, y un apellido. Del choque entre los dos sistemas salen escrituras donde apareces con tus dos apellidos unidos, o donde tu segundo apellido se convirtió en tu apellido, o donde falta un acento, o donde alguien escribió "Jose" sin acento en un documento y "José" en otro.

Mientras nadie muera, no pasa nada. El día que hay que transferir el inmueble, alguien tiene que probar que la persona de la escritura y la persona del acta de defunción son la misma. Eso se resuelve, pero cuesta tiempo y a veces dinero.

Si detectas una discrepancia, no la ignores y no la corrijas por tu cuenta tachando nada. Pregúntale al abogado si conviene arreglarla ahora —hay mecanismos para eso— y guarda mientras tanto todos los documentos que conecten las distintas versiones de tu nombre. Este tema es tan común y tan subestimado que tiene su propio capítulo más adelante.

Meter la casa al fideicomiso

Si decides que la casa entre a tu fideicomiso, el trámite es concreto: se prepara una escritura nueva en la que tú, como persona, transfieres la propiedad al fideicomiso, con el nombre completo y la fecha del fideicomiso escritos exactamente como los usa el documento. Se firma con las formalidades que exija el estado —testigos, notarización, lo que corresponda— y se **registra** en el condado.

Tres advertencias prácticas.

La primera: el tipo de escritura importa. Existen distintos tipos de *deed* con efectos legales distintos, y no todos sirven igual para este propósito. Que la elija el abogado.

La segunda: registrarla no es opcional. Una escritura firmada y guardada en un cajón deja al mundo pensando que la casa sigue a tu nombre, que es exactamente el problema que querías evitar.

La tercera: guarda el comprobante de registro junto al fideicomiso. El día que alguien administre esto, esa hoja es la prueba de que la casa está adentro.

Las tres llamadas que van con la transferencia

Transferir la casa al fideicomiso mueve una pieza que estaba conectada a otras. Antes o inmediatamente después, hay tres llamadas que no se saltan.

Al prestamista de la hipoteca. Los contratos hipotecarios suelen contener cláusulas sobre transferencias de propiedad. Existen protecciones legales para ciertas transferencias a fideicomisos revocables del propio dueño, pero el alcance depende del contrato y de la ley aplicable, y no todos los préstamos son iguales. Avisa, pregunta y guarda la respuesta por escrito.

A la compañía de seguros de la casa. El dueño registrado cambió; la póliza debe reflejarlo. Si no se actualiza, el día de un incendio o de una tormenta puede haber una discusión sobre quién está asegurado. Tu agente lo resuelve en una llamada.

A la oficina del tasador del condado —el assessor —. Muchos estados y condados otorgan reducciones o beneficios sobre el impuesto de la vivienda principal. Si la transferencia a un fideicomiso conserva o no ese beneficio depende del lugar. Pregunta antes. Perder una exención sin darte cuenta es un costo que se paga en silencio cada año.

La casa cuando los dueños son un matrimonio

En un matrimonio, la casa suele estar a nombre de los dos, y ahí surge la pregunta más frecuente: si uno de los dos falta, ¿la casa es automáticamente del otro?

La respuesta honesta es "depende de cómo esté el título y del estado". En muchas configuraciones sí ocurre así y el trámite es sencillo. En otras no. Y hay un detalle que se olvida siempre: aunque la casa pase sin problema al cónyuge sobreviviente, eso solo resuelve **la primera muerte**. Cuando falte el segundo, la casa vuelve a estar en la misma situación de antes, y si no se hizo nada más, ahí sí entra el procedimiento judicial. Un plan que solo cubre la primera muerte es medio plan.

Hay otro asunto delicado en las familias con segundas uniones, que son muy comunes. Si tú tienes hijos de una relación anterior y tu casa pasa automáticamente a tu pareja actual, tus hijos no reciben nada de esa casa, y lo que ocurra después dependerá enteramente de lo que tu pareja decida con su propio patrimonio. No estoy diciendo que eso esté mal; estoy diciendo que mucha gente cree haber dejado algo a sus hijos y no lo dejó. Si esa es tu situación, dilo en voz alta en la consulta: existen maneras de estructurarlo para que ambas cosas ocurran, y todas requieren decisiones deliberadas.

La casa que se usa para mantener a la familia de allá

Un caso que casi ningún libro toca y que en tu comunidad es cotidiano.

Muchas familias tienen la casa aquí, pero el flujo de dinero que sostiene a alguien allá —una madre, un hermano enfermo, un hijo estudiando— sale del mismo bolsillo mensual. Si tú faltas, la casa se hereda, pero el envío mensual no se hereda: no es un bien, es una costumbre.

Si quieres que ese apoyo continúe, tiene que estar diseñado, no supuesto. Un fideicomiso puede prever, por ejemplo, que ciertos recursos se administren durante un tiempo para un fin determinado antes de repartir el resto. Eso hay que escribirlo, hay que ponerle límites claros y hay que nombrar a alguien que lo ejecute. Y hay que decírselo a los demás herederos en vida, porque una instrucción así descubierta después de tu muerte se lee como un favoritismo y se convierte en pleito.

También hay que ser realista sobre la carga que impone. Pedirle a un hijo que mande dinero a otro país durante diez años es pedirle mucho. Vale más una conversación franca sobre cuánto y por cuánto tiempo, que una instrucción generosa que nadie va a poder sostener.

Los atajos que se ofrecen y lo que hay que preguntar de cada uno

Cuando alguien pregunta cómo evitar la corte con la casa, aparecen varios atajos. Ninguno es bueno ni malo en abstracto; todos dependen del estado y de la situación.

Poner a un hijo en la escritura ahora. Suena gratis y es el que más problemas causa. Al agregar a alguien al título le estás dando una parte de tu casa hoy, no cuando mueras. Esa parte queda expuesta a lo que le pase a esa persona: sus deudas, un divorcio, un accidente. Además puede tener consecuencias fiscales para él el día que se venda. Si alguien te lo propone como solución fácil, pregúntale exactamente qué pasa si tu hijo se divorcia el año que viene.

Escrituras que designan un beneficiario para el inmueble. Varios estados permiten un documento que transfiere la casa a una persona designada al morir el dueño, sin dar derechos en vida. Donde existe, puede ser una herramienta útil y sencilla. Pero no existe en todos los estados, tiene requisitos formales estrictos y no resuelve la incapacidad ni los repartos complicados. La pregunta es: *¿existe algo así en mi estado y sirve para mi caso?*

Dejar la casa "para todos" sin decir cómo. No es un atajo, es aplazar la decisión. Ya vimos a dónde lleva.

La regla para evaluar cualquier atajo es siempre la misma: pregunta qué pasa si el otro se muere antes que tú, si el otro se divorcia, si el otro tiene deudas, y si tú cambias de opinión en cinco años. Un buen atajo sobrevive a esas cuatro preguntas.

Lo que la casa no resuelve

Conviene cerrar con una advertencia sobre el papel que la casa juega en la cabeza de mucha gente.

La casa suele ser el bien más valioso, y por eso se convierte en el eje del plan familiar: "la casa es para los muchachos y con eso quedan bien". El problema es que la casa es un bien indivisible. No se puede partir en tres. Si tres hermanos la reciben en partes iguales y uno quiere vender, otro quiere rentarla y el tercero quiere vivir en ella, ese acuerdo no existe y alguien va a tener que ceder o demandar.

Antes de dejar una casa a varios hijos, piensa en la mecánica: ¿quién decide si se vende? ¿Quién paga el impuesto y el seguro mientras tanto? ¿Puede uno comprarle su parte a los otros, y con qué dinero? ¿Qué pasa si uno vive lejos y no puede ocuparse? Un fideicomiso permite responder a esas preguntas por adelantado. Un reparto simple no.

Y no olvides la asimetría que da título a este libro: la casa de aquí puede quedar impecablemente resuelta y el terreno de allá seguir exactamente igual de enredado que antes. Son dos trabajos distintos. El siguiente capítulo es el segundo.

Las preguntas para llevar

Para el abogado con licencia en el estado donde está la casa:

- Lee mi escritura: ¿cómo está el título hoy y qué pasa con la casa si yo falto mañana?
- Si transfiero la casa al fideicomiso, ¿pierdo alguna exención o beneficio local?
- ¿Qué tipo de escritura conviene usar y quién la registra?
- Tengo hijos de una relación anterior: ¿cómo se estructura esto para que mi pareja tenga dónde vivir y mis hijos reciban algo?
- Si dejo la casa a varios hijos, ¿qué mecanismo se puede escribir para decidir venta, renta o compra entre ellos?

Para tu agente de seguros: *si la casa pasa al fideicomiso, ¿qué tengo que cambiar en la póliza?*

Para el prestamista: *tengo un fideicomiso revocable y quiero transferir la casa; ¿me lo confirman por escrito y qué necesitan de mí?*

Para la oficina del condado: *¿la exención que tengo hoy sobre mi vivienda se conserva si el titular pasa a ser mi fideicomiso, y hay que presentar algo?*

Hay una gestión más que no cuesta nada y que casi nadie hace: entra a la página de la oficina de registros de tu condado y busca tu propia dirección. Muchos condados publican en línea los documentos inscritos sobre cada propiedad. Vas a ver la cadena de escrituras, la hipoteca y cualquier gravamen que alguien haya registrado contra tu casa. A veces aparece algo que no esperabas —un gravamen viejo que se pagó pero que nunca se canceló formalmente, por ejemplo—, y esas cosas es mucho mejor descubrirlas ahora que el día de una venta o de una herencia.

Y para ti mismo, esta noche: ¿tu esposa sabe dónde está la escritura? ¿Tus hijos saben que existe un fideicomiso, si lo hay? Si la respuesta es no, ninguna de las anteriores importa todavía.

El Terreno, La Casa O La Parcela En El País De Origen

De todos los capítulos de este libro, este es el que más gente necesita y el que menos se escribe. También es en el que más cuidado hay que tener, porque es donde resulta más tentador dar respuestas que ningún autor honesto puede dar.

Así que empecemos por lo que yo no voy a hacer. No voy a decirte qué dice la ley de tu país. No sé de qué país estamos hablando, y aunque lo supiera, esa ley cambia, tiene excepciones regionales y se aplica de manera distinta según el tipo de tierra, el tipo de heredero y el estado del registro. Lo que sí voy a darte es el mapa del problema, el orden en que se resuelve y las preguntas exactas que le tienes que hacer a quien sí puede contestarlas.

La regla de orientación

Ya la vimos en el capítulo cuatro y aquí es donde manda: **un inmueble se rige, en términos generales, por la ley del lugar donde está**.

De ahí salen tres consecuencias que en la práctica lo explican casi todo.

Uno: quien resuelve qué pasa con ese terreno es una autoridad de aquel país, no una corte estadounidense.

Dos: quien te puede asesorar de verdad sobre ese terreno es un profesional habilitado en aquel país, no tu abogado de aquí. Tu abogado de aquí es imprescindible para lo demás, y un buen abogado te lo dirá él mismo.

Tres: el documento que finalmente va a mover ese terreno va a ser un documento de allá, redactado según las formas de allá, presentado ante el registro de allá.

Tu fideicomiso estadounidense no cumple ninguna de esas tres condiciones. Puede acompañar, puede documentar tu voluntad, puede ayudar a que tus herederos entiendan qué querías. Pero no es la llave de esa puerta.

Primero: averigua en qué estado está la propiedad

Antes de cualquier plan, hay que saber la verdad del papel. En las familias migrantes, la verdad del papel casi nunca coincide con la verdad de la conversación familiar.

Estas son las situaciones que aparecen una y otra vez, y cada una exige un camino distinto.

El bien está a tu nombre, con escritura inscrita y al corriente de impuestos. Es la mejor situación y la menos común. Aquí sí se puede planear hacia adelante.

El bien está a nombre de un padre o una madre que ya falleció, y nunca se hizo el trámite de sucesión. Esta es, con mucha diferencia, la situación más frecuente. En términos prácticos, el bien no es tuyo todavía; es un asunto abierto. Y cada año que pasa empeora: mueren tíos, aparecen primos, se pierden actas, y los que tienen que firmar pasan de ser tres a ser once, repartidos en tres países.

El bien está a nombre de varios hermanos. Aquí hay dos preguntas: cuánto le toca a cada uno según el papel, y quién ha estado pagando y cuidando. Las dos respuestas suelen no coincidir, y esa brecha es el origen de la mayoría de los conflictos.

El bien es de un tipo de tenencia especial. En varios países existen formas de tenencia de la tierra —comunal, ejidal, agraria, con restricciones por zona— que no funcionan como la propiedad privada ordinaria y que tienen sus propios registros, sus propias autoridades y sus propias reglas sobre quién puede heredar. Si tu terreno es de ese tipo, prácticamente nada de lo que sabes sobre bienes raíces estadounidenses aplica. Necesitas al especialista correcto de allá, y hay que decirle desde el principio de qué tipo de tierra se trata.

No hay escritura, solo posesión. Alguien compró con un papel privado, o simplemente lleva cuarenta años ahí. Existe una realidad de hecho sin respaldo registral. Ese caso se puede resolver en muchos sistemas, pero requiere un procedimiento y no se arregla desde acá por teléfono.

Segundo: junta los documentos, aunque todavía no sepas qué vas a hacer

Este trabajo lo puedes empezar hoy y sirve en todos los escenarios. Sin estos papeles, ningún profesional de allá te puede decir nada útil.

- El documento de propiedad, completo: escritura, título, certificado o el que corresponda. Foto de todas las páginas, no solo la primera.

- Un documento reciente del registro de la propiedad que muestre la situación actual del inmueble y si tiene gravámenes.
- Los recibos de impuesto predial de los últimos años, o la constancia de adeudo si no se ha pagado.
- Los recibos de servicios, si los hay: sirven para acreditar posesión y uso.
- El acta de defunción de cada persona fallecida que aparezca en la cadena de propiedad.
- El acta de nacimiento de cada heredero, para probar el parentesco.
- El acta de matrimonio de los titulares, si aplica.
- Cualquier documento privado: contrato de compraventa, recibo de pago, carta poder vieja, cuaderno donde tu papá anotaba.

Y algo que no es un documento pero vale igual: **la lista de nombres completos y datos de contacto de todas las personas que podrían tener derecho**. Hermanos, medios hermanos, hijos de hermanos fallecidos. Escríbela ahora, mientras vive alguien que se acuerda. Dentro de veinte años nadie va a saber cómo se llamaba el marido de la tía que se fue a vivir a otra ciudad.

Tercero: encuentra a la persona correcta de aquel lado

Aquí es donde muchas familias se queman. El primo que "conoce a un licenciado" no es un plan. La persona que se ofrece a hacer el trámite a cambio de una parte del terreno, tampoco.

Criterios sensatos para elegir:

Que sea un profesional **habilitado en esa jurisdicción** para este tipo de asunto, y que puedas verificar esa habilitación en un registro o colegio oficial de allá. Pídele su número o cédula profesional y compruébalo tú.

Que trabaje **en la región donde está el inmueble**, no solo en la capital. Los registros y las autoridades son locales.

Que te dé un **plan por escrito**: qué procedimiento propone, qué documentos hace falta reunir, cuánto tiempo estima y cómo cobra. Si se niega a poner algo por escrito, es tu respuesta.

Que acepte **hablar una vez con tu abogado de Estados Unidos**. No hace falta que sean amigos ni que hablen el mismo idioma jurídico; hace falta que sepan que existe otro documento del otro lado y que no se contradigan.

Y una precaución de sentido común: no mandes dinero grande antes de tener el plan por escrito, y no des poderes amplios a nadie sin entender exactamente qué le estás autorizando a hacer. Un poder mal calibrado puede permitir vender el bien que estabas tratando de proteger.

El poder notarial: útil y sobrevalorado

Casi siempre, en algún momento, alguien va a proponer que firmes un poder para que un familiar o el profesional de allá actúe en tu nombre. Es una herramienta legítima y a veces imprescindible. Pero tiene tres límites que conviene conocer antes.

Primero, **la forma la manda el país donde se va a usar**. Un poder firmado aquí normalmente necesita cumplir requisitos adicionales para que allá lo acepten: legalización o apostilla, traducción, y a veces que se otorgue ante el consulado del país correspondiente. Pregunta la lista exacta antes de firmar nada, porque un poder rechazado por un formalismo significa repetir el viaje.

Segundo, **el alcance importa más que el papel**. Un poder puede ser para un acto concreto —comparecer en un trámite, recibir un documento— o puede ser amplísimo. Cuanto más amplio, más cómodo y más peligroso. Pide que se limite a lo necesario y que tenga fecha de vencimiento si el sistema de allá lo permite.

Tercero, y es el que más sorprende: en la mayoría de los sistemas, **un poder se extingue cuando muere quien lo otorgó**. Es decir, el instrumento que usaste toda la vida para que tu hermano administrara el terreno deja de servir exactamente el día en que más falta hace. Un poder no es un plan de sucesión. Es una herramienta de administración en vida.

El costo de dejarlo pendiente

Vale la pena decir con claridad qué pasa cuando una familia deja el terreno "para después", porque el después tiene una forma bastante predecible.

Al principio no pasa nada. El bien sigue ahí, alguien lo cuida, alguien paga el predial cuando se acuerda. Después muere el hermano que llevaba las cuentas y su parte se reparte entre sus hijos, que ya son cinco.

Después uno de esos hijos se va a vivir a otro país y nadie tiene su teléfono. Después alguien quiere vender porque necesita dinero y descubre que necesita la firma de nueve personas, dos de las cuales no se hablan y una de las cuales es menor de edad. Después el predial acumulado supera lo que la familia estaba dispuesta a gastar. Después alguien de fuera se instala, o el terreno se vuelve inservible, o el trámite cuesta más que el valor del bien.

Ninguno de esos pasos fue una decisión. Cada uno fue la ausencia de una decisión, repetida durante años.

Por eso el consejo de este capítulo no es "haz un fideicomiso". Es más simple y más urgente: **si hay una sucesión pendiente allá, ábrela ahora**, mientras vivan las personas que tienen que firmar y mientras los herederos se puedan contar con los dedos de una mano. Es el único trámite de este libro que se encarece cada año que pasa, con total seguridad.

Lo que este bien significa dentro de la familia

Hay algo que conviene reconocer antes de pasar a la parte fría. El terreno de allá casi nunca es solo un activo.

Para la generación que se fue, suele ser la prueba de que la partida no fue una renuncia, sino un viaje con regreso posible. Es el lugar donde se piensa envejecer, aunque nunca se envejezca ahí. Es la promesa que se le hizo a un padre.

Para el hermano que se quedó, ese mismo terreno es un lugar concreto que él ha barrido, cercado y defendido durante veinte años, mientras el que se fue mandaba dinero de vez en cuando y opinaba por teléfono.

Y para los hijos nacidos aquí, con frecuencia no es nada: un lugar bonito al que fueron dos veces de niños, con un impuesto anual y un pariente lejano de por medio.

Tres personas mirando el mismo pedazo de tierra y viendo tres cosas distintas. Cuando la conversación de herencia se traba, casi nunca es por los metros cuadrados; es por eso.

Nombrar esas tres verdades en voz alta, sin decidir todavía nada, suele destrabar más que cualquier documento. "Yo sé que tú has cuidado esto todos estos años y que eso vale." "Yo sé que ustedes no se sienten de aquí y no quiero dejarles una carga." Frases así no son jurídicas y hacen más trabajo que muchas cláusulas.

Cuarto: decide qué quieres que pase, y dilo

Con los papeles en la mano y el profesional de allá identificado, llega la parte que no es técnica.

¿Quieres que ese terreno se quede en la familia o quieres que se venda? ¿Quieres que le toque a quien se quedó cuidándolo o repartido entre todos? ¿Estás dispuesto a compensar de otra manera —con algo de aquí— a quien no reciba tierra allá? ¿Qué pasa si nadie quiere hacerse cargo?

Esa última pregunta es la más incómoda y la más realista. Hay terrenos que la primera generación adora y que la segunda no ha visto nunca. Dejar en herencia una obligación a alguien que no la quiere no es un regalo: es un problema con moño. A veces la decisión más generosa es vender en vida, resolverlo tú, y repartir el producto de una manera que nadie tenga que negociar cuando ya no estés.

Sea cual sea tu decisión, hay que decirla en voz alta a quien le afecte. Ese es el segundo trabajo de este capítulo y no lo puede hacer ningún abogado por ti.

Las preguntas para llevar

Para el profesional habilitado en el país donde está el inmueble:

- ¿Cuál es la situación registral real de este bien hoy?
- ¿Puede el registro de aquí inscribir como titular a un fideicomiso extranjero? Si no, ¿qué instrumento se usa aquí para lograr que este bien llegue a estas personas?
- ¿La ley de aquí reserva una porción obligatoria a determinados herederos sobre este bien?
- ¿Hay algún tipo de tenencia o restricción especial que afecte a este terreno?
- ¿Qué procedimiento hay que iniciar por la sucesión que quedó pendiente, cuánto tarda y quiénes tienen que firmar?
- ¿Qué consecuencias fiscales tiene aquí lo que estamos planeando, y con quién se confirman?

Para tu abogado en Estados Unidos:

- ¿Cómo dejo constancia en mi plan de aquí de que existe este bien, sin dar a entender que está cubierto por el fideicomiso?

- ¿Hay algo que yo tenga que reportar aquí por ser dueño de un bien en el extranjero, y con quién lo verifico?

Y para tu familia, en una llamada sin ocasión especial: *¿alguien sabe dónde está la escritura del terreno de mi papá?*

Cuentas Bancarias A Los Dos Lados

Una señora de sesenta y dos años abre una libreta vieja en la cocina y encuentra el número de una cuenta que abrió en el banco de su pueblo en 1998, cuando todavía pensaba regresar. No sabe si sigue abierta. No sabe cuánto tiene. No sabe si su nombre en esa cuenta está escrito igual que en su pasaporte. Nunca se lo ha contado a sus hijos.

Las cuentas son el bien que más fácil se mueve y el que peor se documenta. A diferencia dc una casa, no se ven. Nadie las hereda "sin querer": si nadie sabe que existen, simplemente se pierden.

Este capítulo trata de eso: qué pasa con el dinero en el banco cuando alguien muere, en qué se diferencia lo de aquí y lo de allá, y cómo evitar que una cuenta se convierta en un fantasma.

Cómo se comporta una cuenta cuando muere cl titular

En términos generales, y sujeto a las reglas de cada estado y de cada institución, una cuenta bancaria estadounidense puede tomar tres caminos distintos al morir su titular.

Camino uno: hay un beneficiario designado. Muchos bancos permiten poner en la cuenta una instrucción de pago al morir el titular —lo verás en inglés como *payable on death*, POD, o *transfer on death*, TOD, según el tipo de cuenta—. Si existe esa designación, el banco normalmente entrega el saldo a esa persona presentando identificación y acta de defunción, sin corte de por medio. Es rápido, es gratis y casi nadie lo usa.

Camino dos: la cuenta está a nombre del fideicomiso. Si transferiste la titularidad, el trustee sucesor toma el control siguiendo las reglas del documento. También sin corte.

Camino tres: la cuenta está solo a tu nombre y sin designación. Entonces el saldo forma parte de tu patrimonio y hace falta una autoridad formal —normalmente el nombramiento de un representante por la corte— para que el banco entregue el dinero. Ahí sí entra el procedimiento judicial.

Hay una cuarta situación, la cotitularidad, que merece su propio apartado porque es la que más malentendidos genera.

La cuenta conjunta: cómoda y mal entendida

Poner a un hijo o a un hermano como cotitular de la cuenta es la solución casera más común. "Así, si me pasa algo, él saca el dinero." Y sí, funciona para eso. Pero tiene consecuencias que la gente no calcula.

Un cotitular no es un ayudante: en general, es dueño del dinero desde hoy. Puede sacarlo todo mañana sin pedirte permiso. Y si tiene deudas, un divorcio o un problema legal, esa cuenta puede quedar expuesta, porque para el mundo exterior parte de ese dinero es suyo.

Además, cuando el titular muere, en muchas configuraciones el saldo queda para el cotitular sobreviviente, entero. Si tú tienes cuatro hijos y pusiste a uno solo en la cuenta "por comodidad", puede que acabes de dejarle a ese hijo todo el dinero de esa cuenta, aunque tu testamento diga que se reparte entre los cuatro. Esa situación es una fábrica de pleitos entre hermanos, y el hijo que quedó en la cuenta suele ser el que menos culpa tiene.

Existen alternativas menos filosas para el mismo objetivo práctico: una designación de beneficiario, una cuenta a nombre del fideicomiso, o un poder que autorice a alguien a operar sin hacerlo dueño. Cuál conviene depende del estado y del banco. Pregúntalo antes de firmar en la ventanilla.

Poner una cuenta en el fideicomiso

El trámite es más simple de lo que parece y más lento de lo que uno espera. Se pide en el banco el cambio de titularidad a nombre del fideicomiso; suelen requerir el documento del fideicomiso o un resumen certificado del mismo, identificación del trustee y algún formulario interno. Algunos bancos lo resuelven en una visita; otros lo mandan a un departamento central y tardan semanas.

Dos avisos prácticos. Uno: al cambiar la titularidad, pueden cambiar los números de cuenta o los datos que usas para los depósitos automáticos y los pagos domiciliados. Haz una lista de todo lo que entra y sale automáticamente de esa cuenta antes del cambio, y verifica cada uno después. Un pago de hipoteca rebotado por un cambio administrativo es un problema evitable.

Dos: no todas las cuentas conviene transferirlas. Ciertas cuentas —de retiro sobre todo— funcionan con reglas propias y la transferencia puede tener consecuencias serias. Esa decisión no se toma en la ventanilla del banco. Se toma con el abogado y, si hay dinero de retiro de por medio, también con un contador o asesor fiscal.

Las cuentas de allá

Aquí el terreno cambia y hay que ser prudente, porque las reglas bancarias y sucesorias de cada país son distintas y cambian con frecuencia.

Lo que sí se puede decir en general es esto: **una cuenta en un banco de otro país se rige por las reglas de ese país y de esa institución**. Tu fideicomiso estadounidense no le dice nada a ese banco. El trámite para que tus herederos accedan a ese dinero será el que ese sistema establezca, con los documentos que ese sistema pida, y muy probablemente exigirá documentación tuya —acta de defunción, pruebas de parentesco— traducida y legalizada.

De ahí salen tres encargos concretos.

Averigua si la cuenta sigue viva. Muchas cuentas antiguas quedan inactivas y, pasado cierto tiempo, los saldos de cuentas abandonadas suelen ir a parar a algún mecanismo estatal de bienes no reclamados, tanto aquí como allá. Recuperarlos después es posible pero engorroso. Una llamada al banco lo aclara.

Pregunta en ese banco qué figura ofrecen para designar a alguien. Muchos sistemas bancarios tienen alguna forma de designación de beneficiario o de cotitularidad; cómo se llama y qué efectos tiene varía. Pregúntalo en la sucursal y pide el nombre exacto del formulario.

Verifica cómo está escrito tu nombre en esa cuenta. Si el banco de allá te tiene con dos apellidos y tu pasaporte estadounidense trae uno solo, ese desajuste va a aparecer justo cuando tus hijos no puedan preguntarte nada.

Lo que hay que declarar y por qué no lo puedo resolver yo

Este es un punto donde muchos libros callan y donde callar es un error.

Estados Unidos impone a ciertas personas obligaciones de reportar cuentas financieras que tienen en el extranjero. Existen formularios específicos para eso y hay umbrales, plazos y sanciones asociadas. Yo no te voy a decir cuáles son los umbrales, ni los formularios, ni si a ti te aplican, porque eso cambia y depende de tu situación personal, de tu estatus fiscal y del tipo de cuenta.

Lo que sí te digo con toda claridad: **esta es una pregunta que hay que hacer, no una que se pueda ignorar**. Si tienes cuentas en el extranjero, o firmas sobre cuentas de un familiar en el extranjero —que también puede contar—, siéntate con un contador o preparador de impuestos con experiencia en asuntos internacionales, no con quien te hace la declaración rápida en el centro comercial. Y verifica la información oficial vigente en la página del organismo fiscal estadounidense, que publica sus propias guías.

Mucha gente descubre estas obligaciones tarde, por miedo o por desconocimiento. Descubrirlas tarde es peor que descubrirlas hoy. Un profesional te puede decir además si existen caminos para regularizar una situación pasada.

El dinero que se mueve por otros canales

No todo el dinero de una familia transnacional pasa por cuentas bancarias formales, y conviene mirar de frente lo que ocurre fuera de ellas.

Está el envío periódico por casa de cambio o servicio de remesas. No es una cuenta y no deja saldo: es un flujo. Cuando la persona que lo manda falta, el flujo se corta. Si alguien depende de ese dinero para comer o para medicinas, esa interrupción llega antes que cualquier herencia y es lo primero que hay que prever.

Están las aplicaciones y billeteras digitales, donde a veces hay saldos que la familia no imagina. Cada plataforma tiene su propio procedimiento para el fallecimiento del titular, y varias no tienen designación de beneficiario en absoluto. Si usas alguna con saldo significativo, averigua cuál es su proceso y anótalo.

Y está el dinero en efectivo guardado en casa. Es más común de lo que la gente admite y crea dos problemas: no aparece en ningún registro, así que puede desaparecer sin rastro, y si aparece, tampoco hay manera de acreditar de dónde salió ni a quién le correspondía. No voy a darte una recomendación moral sobre eso. Solo la práctica: lo que no está documentado, no se puede repartir con justicia.

Cuando el cotitular vive en otro país

Hay una variante que aparece mucho en tu situación y que combina lo peor de los dos mundos: una cuenta abierta en Estados Unidos con un familiar de otro país como cotitular, o al revés.

El atractivo es evidente: así el familiar puede sacar dinero cuando haga falta, sin trámites. Los riesgos también se multiplican. Esa persona es dueña de ese dinero desde hoy, con todo lo que eso implica. La institución puede tener requisitos adicionales para titulares no residentes. Y puede haber obligaciones de reporte —para ti, para el otro, o para los dos— derivadas simplemente de que uno de los titulares está fuera del país.

Antes de abrir o mantener una cuenta así, vale la pena que lo revise alguien que entienda la parte fiscal internacional. Es un ejemplo perfecto de lo que este libro repite: una solución que resuelve un problema práctico pequeño y crea uno legal grande.

El fantasma más común: la cuenta que nadie sabe que existe

Cierro con el problema que más dinero hace desaparecer en las familias transnacionales, y que no es legal sino de comunicación.

Tú sabes cuántas cuentas tienes. Tu esposa sabe de dos. Tus hijos saben de una. Ese es el escenario normal. Si mañana faltas, el dinero que nadie conoce sencillamente no se reclama.

La solución no es un documento legal. Es una lista. Una hoja con el nombre de cada institución, aquí y allá, el tipo de cuenta y, si quieres, los últimos cuatro dígitos —no hace falta poner contraseñas ni números completos para que la lista sirva—. Esa hoja va en el mismo lugar donde estén tus documentos importantes, y por lo menos dos personas de confianza tienen que saber dónde está ese lugar.

El capítulo sobre la carpeta, al final del libro, explica cómo armar eso sin dejar tu información expuesta.

El dinero para los primeros días

Un problema muy concreto que casi ningún plan resuelve: en los primeros días después de un fallecimiento hay gastos inmediatos y grandes. Funeral, traslado si la familia quiere enterrar del otro lado, boletos de avión para los que vienen de lejos, y el sostenimiento de la casa mientras todo se ordena.

Mientras tanto, las cuentas del difunto pueden estar temporalmente bloqueadas hasta que alguien acredite autoridad, y el reparto formal todavía no ha empezado.

El resultado es que alguien de la familia acaba pagando de su bolsillo, con tarjetas de crédito, y después tiene que pedir que se lo devuelvan. Eso genera exactamente el tipo de fricción que este libro quiere evitar.

Se puede prever de varias maneras y conviene preguntar cuál conviene en tu caso: una cuenta modesta con designación de beneficiario a la persona que va a asumir esos gastos, una previsión expresa en el fideicomiso, o un seguro pensado para llegar rápido. Lo que no funciona es no pensarlo.

Y un consejo que vale para quien acabe pagando: guarda todos los recibos, desde el primero. La devolución de gastos legítimos es normal y esperable; probarlos con papeles es lo que evita que alguien pregunte más adelante en qué se fue ese dinero.

Las preguntas para llevar

Para tu banco de aquí: *¿esta cuenta admite designación de beneficiario? ¿Qué formulario es y cuánto tarda? ¿Y qué necesitan si quiero ponerla a nombre de mi fideicomiso?*

Para tu banco de allá: *¿la cuenta está activa? ¿Cómo aparece escrito mi nombre? ¿Qué figura existe aquí para designar a quién recibe el saldo, y qué documentos pedirían a mis herederos?*

Para tu abogado con licencia en tu estado: *¿qué cuentas conviene transferir al fideicomiso y cuáles no, y por qué?*

Para un contador con experiencia internacional: *con las cuentas que tengo fuera de Estados Unidos, ¿tengo alguna obligación de reporte, y desde cuándo?*

Y para tu familia: *si yo faltara mañana, ¿sabrían en qué bancos buscar?*

Hay una última gestión que puedes hacer tú solo, gratis, esta semana. Casi todos los estados tienen un programa público de bienes no reclamados donde se puede buscar por nombre si alguna institución entregó al estado un saldo dormido a tu nombre o al de un familiar fallecido. Búscate a ti, busca a tu cónyuge y busca a tus padres, escribiendo el nombre en todas las variantes que se te ocurran: con dos apellidos, con uno, con y sin acentos. Es un ejercicio de diez minutos que a veces devuelve una sorpresa agradable y que, sobre todo, te enseña de golpe por qué la ortografía de un nombre importa tanto en este tema. De eso trata precisamente uno de los capítulos que vienen.

Herederos Que Viven Fuera De Estados Unidos

Una hija que nunca salió del país de origen recibe una llamada. Le dicen que su papá, que vivía en Carolina del Norte, dejó algo para ella. Le mandan un correo con documentos en inglés, le piden que firme, que mande copia de su identificación, que abra una cuenta, que espere. Ella no entiende la mitad de lo que le explican y desconfía de la otra mitad, porque en su ciudad todo el mundo ha oído de alguien a quien estafaron con una historia parecida.

Ese es el escenario que este capítulo quiere prevenir. No hay nada ilegal en dejar bienes a alguien que vive en otro país. Se hace todos los días. Lo que hay son fricciones prácticas, y todas se pueden reducir si se piensan antes.

Lo primero: no está prohibido

Conviene despejar el mito de entrada, porque circula mucho. Un fideicomiso estadounidense puede, en general, nombrar como beneficiaria a una persona que no vive en Estados Unidos y que no es ciudadana ni residente. No es una figura exótica.

Lo que cambia son los detalles: la identificación que hará falta, la manera de entregarle el dinero, los tiempos, y posiblemente el tratamiento fiscal de la entrega. Esos detalles no son obstáculos insalvables; son trabajo. El error es descubrirlos el día del reparto en vez del día de la redacción.

Y hay un matiz importante que conviene preguntar expresamente: el tratamiento de las transferencias entre cónyuges puede ser distinto cuando el cónyuge no es ciudadano estadounidense. Es un tema técnico con soluciones conocidas, pero hay que plantearlo. Si tu esposa o tu esposo no es ciudadano, esa frase textual —*mi cónyuge no es ciudadano estadounidense*— tiene que salir en la primera consulta.

Identificación: el cuello de botella más común

El día que una institución financiera tenga que entregar dinero a tu heredera de allá, va a pedirle que se identifique de una manera que satisfaga sus propios controles internos. Y esos controles están diseñados pensando en personas que viven aquí.

Lo que se suele pedir es un documento de identidad vigente con foto —el pasaporte del país de esa persona suele ser lo más aceptado—, una prueba de domicilio, y en algunos casos algún tipo de número de identificación fiscal.

Sobre este último punto, la advertencia habitual: no te voy a decir qué número necesita tu heredera ni cómo se tramita, porque depende de su situación, del tipo de bien y de las reglas vigentes. Lo que sí te digo es cuál es la pregunta y a quién se le hace: *mi beneficiaria vive fuera de Estados Unidos y no tiene número de seguro social; ¿qué identificación fiscal va a necesitar para recibir esto, y conviene tramitarla ya?* Esa pregunta va para el abogado que redacta el plan y para un contador con experiencia internacional. La información oficial vigente sobre esos números está en la página del organismo fiscal estadounidense.

Un consejo que ahorra meses: si sabes hoy quién va a heredar y sabes que vive fuera, **haz que consiga y guarde un pasaporte vigente**. Suena trivial. No lo es. Muchas personas de la generación mayor en zonas rurales no tienen pasaporte, y tramitarlo desde el duelo, sin dinero y a distancia, es una barrera real.

Cómo le va a llegar el dinero

Esta parte casi nunca se planea y siempre da problemas.

Si el heredero tiene cuenta bancaria en su país, la transferencia internacional es lo normal. Hay comisiones, hay tipo de cambio y hay tiempos; también puede haber preguntas del banco receptor sobre el origen de los fondos, que son legítimas y se contestan con documentos.

Si el heredero **no tiene cuenta bancaria** —situación mucho más común de lo que se piensa—, hay que resolverlo antes. Un cheque estadounidense a nombre de alguien sin cuenta en otro país puede ser prácticamente inservible: puede que ningún banco de allá lo cobre, o que tarde meses y descuente una parte importante.

Por eso vale la pena que quien redacte tu plan escriba con cierta flexibilidad cómo se puede entregar lo que corresponde a cada quien, en lugar de amarrar un único método que puede no existir el día que haga falta. Y vale la pena que tú averigües hoy, con una llamada, si esa persona tiene cuenta y a nombre de quién está.

Otro detalle práctico que se agradece: los costos de convertir y enviar dinero al extranjero los paga alguien, y conviene decidir por adelantado si salen del total antes de repartir o si los absorbe cada beneficiario. Parece una nimiedad. En la práctica, si el hermano de aquí recibe su parte íntegra y el de allá la recibe con comisiones y tipo de cambio descontados, la diferencia se nota y se comenta. Que lo decida el documento evita que lo discutan ellos.

Los tiempos son otros

Aquí conviene bajar expectativas de manera explícita, porque las expectativas mal puestas destruyen relaciones familiares.

Un reparto a un heredero local puede resolverse en semanas una vez que hay autoridad para hacerlo. Un reparto a un heredero en otro país suele tardar bastante más: hay que conseguir documentos oficiales de dos países, traducirlos, legalizarlos, coordinar husos horarios, esperar respuestas de instituciones y a veces repetir un paso porque un formulario venía con un dato distinto.

Nadie está haciendo nada mal. Es simplemente cómo funciona. Pero si el heredero de allá no lo sabe, va a interpretar el silencio de la manera más natural: que los parientes de aquí se están quedando con lo suyo.

La medida preventiva es tan simple que da risa: **decidir en vida quién va a informar y cada cuánto**.

Que quede escrito en algún lado, aunque sea en una carta, que el trustee sucesor mandará una actualización cada cierto tiempo a todos los beneficiarios, aunque la actualización sea "seguimos esperando un documento". Un mensaje mensual de tres líneas ha salvado más herencias que muchas cláusulas.

Probar quién es quién

Hay una tarea que en un reparto local es invisible y que a distancia se vuelve el trabajo principal: demostrar que la persona que dice ser tu hija es efectivamente tu hija.

Aquí eso se resuelve con un acta de nacimiento y una identificación. Cuando el acta viene de otro país, hay tres capas más. La primera es conseguir una copia reciente y oficial, no la fotocopia amarillenta que alguien guarda desde hace treinta años; los registros civiles suelen exigir que la copia sea de emisión reciente. La segunda es la legalización: para que un documento oficial de un país tenga valor en otro, normalmente hace falta un trámite que certifique que ese documento es auténtico, y en muchos países eso se hace mediante una apostilla. La tercera es la traducción, que en varios contextos debe hacerla un traductor reconocido y no un sobrino que habla bien inglés.

Cada capa toma tiempo, cuesta y puede fallar por un detalle. Y todas se pueden adelantar. Si tú sabes hoy quiénes son tus herederos, puedes pedirles que consigan ahora, con calma, un acta reciente y apostillada, y guardar una copia en tu carpeta. El día que haga falta, tu familia va a tener en un folder lo que de otro modo le habría costado seis meses.

Hay un caso donde esto es especialmente urgente: cuando el parentesco no es obvio en los papeles. Un hijo reconocido tarde, una hija de una relación anterior, un hijo de crianza al que criaste como propio pero que nunca fue adoptado formalmente. Si tu intención es dejarle algo a esa persona, la manera de asegurarlo no es contarlo en la sobremesa: es **nombrarla explícitamente en el documento, con su nombre completo tal como aparece en su identificación**, y decirle al abogado la situación tal cual es. Un plan que depende de que alguien pruebe un parentesco discutido es un plan frágil.

Menores, personas mayores y personas vulnerables

Si un heredero de allá es menor de edad, no se le entrega dinero directamente, y cómo se maneja eso depende tanto de tu plan como de las reglas de su país sobre quién representa legalmente a un menor. Es una de las situaciones donde un fideicomiso muestra su mejor cara: permite decir que ese dinero se administre y se entregue por etapas, con alguien responsable de por medio.

Si el heredero es una persona mayor que vive sola, o alguien con una condición que lo hace vulnerable, aplica la misma lógica y una precaución extra: una suma grande que llega de golpe a una persona vulnerable, en una comunidad donde todo se sabe, la puede poner en riesgo real. Entregar por partes no es desconfianza; es cuidado.

Estas decisiones se toman con el abogado que redacta, y conviene mencionarle explícitamente la situación de cada beneficiario. No supongas que "hijos por partes iguales" cubre todos los casos.

La distancia también divide a los que reparten

Hasta aquí hemos hablado del heredero de allá como si fuera solo alguien que espera. Pero en muchas familias esa persona no está esperando: está participando, y desde una posición incómoda.

Piensa en dos hermanos en Estados Unidos que se reparten el trabajo del trámite, hablan entre ellos todas las semanas y toman decisiones sobre la marcha. Y en una hermana en el pueblo que se entera de cada cosa después, por mensaje, cuando ya está decidida. Aunque nadie la esté excluyendo a propósito, su experiencia es la de estar afuera. Y si además ella fue la que cuidó a los papás los últimos años, la sensación de injusticia se instala rápido.

Ese desequilibrio se corrige con reglas simples acordadas de antemano. Que las decisiones importantes se hablen en una llamada donde estén todos, no en un grupo de mensajes donde algunos leen a destiempo. Que las cuentas se compartan por escrito, aunque nadie las pida. Que se reconozca en voz alta el trabajo de quien cuidó, y que si tú quieres compensarlo, lo escribas tú en vida en lugar de dejar que tus hijos lo negocien entre ellos.

Y que quede claro quién decide qué. Un plan que dice "mis hijos se pondrán de acuerdo" está, en la práctica, delegando el conflicto. Nombra a alguien, dale el encargo, y dile a los demás que se lo diste.

Lo que hay que decirle al heredero antes

Cierro con la parte que no requiere abogados.

Si tú sabes que vas a dejarle algo a alguien que vive en otro país, díselo en vida. No hace falta detallar cifras. Basta con tres cosas: que existe un plan, quién es la persona que se va a comunicar con él, y que cualquier llamada legítima va a venir de esa persona.

Ese último punto es protección pura. Las estafas que se aprovechan de herencias existen y se dirigen precisamente a personas que reciben una noticia inesperada desde otro país. Alguien que sabe de antemano el nombre de quien lo va a contactar es mucho más difícil de engañar. Y alguien a quien le llegan mensajes urgentes pidiéndole que pague por adelantado "gastos de trámite" para liberar una herencia debería tener grabada una regla simple: una herencia legítima no se cobra pagando por adelantado a un desconocido.

Las preguntas para llevar

Para el abogado con licencia en tu estado:

- Tengo beneficiarios que viven fuera de Estados Unidos. ¿Cambia eso algo en cómo hay que redactar esto?

- Mi cónyuge no es ciudadano estadounidense. ¿Qué implica eso y qué opciones existen?
- ¿Cómo se puede escribir el mecanismo de entrega para que funcione aunque el beneficiario no tenga cuenta bancaria?
- ¿Se puede incluir la obligación de informar periódicamente a todos los beneficiarios?

Para un contador con experiencia internacional:

- ¿Qué identificación fiscal necesitará cada beneficiario que vive fuera, y conviene tramitarla ya?
- ¿Hay alguna retención o reporte asociado a entregar bienes a una persona no residente?

Y una que casi nadie hace y que vale mucho: pregúntale al abogado qué pasa si uno de tus beneficiarios muere antes que tú. En una familia repartida entre países, esa posibilidad no es remota, y la respuesta por defecto —lo que ocurriría si el documento no dice nada— puede no ser la que tú quieres. Que la parte de un hijo pase a sus propios hijos, o que se reparta entre los hermanos que quedan, son dos resultados muy distintos, y los dos se pueden escribir. Lo que no se puede es corregirlo después.

Para el heredero de allá, en una llamada esta semana: *¿tienes pasaporte vigente? ¿Tienes cuenta en el banco y a nombre de quién está?* Dos preguntas de un minuto que pueden ahorrarle un año a tu familia.

Cuando Los Papeles No Coinciden: Nombres, Apellidos Y Documentos

Un hombre tiene, sin haberlo buscado, cinco identidades en papel. En su acta de nacimiento es José María Hernández Robles. En su licencia de manejar de Texas es Jose Hernandez. En la escritura de su casa quedó como Jose M. Hernandez-Robles. En su cuenta de retiro del trabajo lo registraron como Joseph Hernandez, porque en 1994 un supervisor pensó que le hacía un favor. Y en la cuenta del banco de su pueblo sigue siendo José María Hernández Robles, tal como en el acta.

Ninguna de esas versiones es un fraude. Todas son él. Pero el día que alguien tenga que juntarlas, va a tener que probar que las cinco son la misma persona, y esa prueba cuesta tiempo, dinero y a veces un procedimiento.

Este capítulo es el menos glamoroso del libro y probablemente el que más dinero le va a ahorrar a tu familia.

De dónde viene el problema

No es descuido de nadie. Es el choque entre dos maneras de nombrar a las personas.

En la mayoría de los países hispanohablantes, una persona lleva el apellido del padre seguido del de la madre, y los dos son parte de su nombre legal, sin guion. En Estados Unidos, los formularios esperan *first name*, *middle name*, *last name*. Cuando alguien con dos apellidos llena ese formulario, el sistema tiene que aplastar tres piezas en dos casillas, y lo hace de una manera distinta cada vez, según quién capture el dato.

A eso se suman los acentos, que muchos sistemas antiguos no aceptan; la eñe, que a veces se convierte en n y a veces en otra cosa; los nombres compuestos que unas veces se escriben juntos y otras separados; y los apodos que se colaron en documentos oficiales.

Y a eso se suma un fenómeno más doloroso: la gente que cambió su nombre para que le fuera más fácil. El José que se volvió Joe, la Guadalupe que se volvió Lupe y luego Lucy. Esos nombres funcionaron perfectamente durante cuarenta años de vida cotidiana y no funcionan para transferir una propiedad.

Por qué importa tanto

Un registro de la propiedad, un banco o una corte no conocen a tu familia. Solo pueden trabajar con lo que dicen los documentos. Si el documento A dice un nombre y el documento B dice otro, alguien tiene que rellenar el hueco con evidencia.

Las consecuencias concretas son estas.

En una escritura, una discrepancia puede impedir una venta o exigir un documento adicional que aclare que el dueño registrado y el vendedor son la misma persona. En el contexto de una herencia, ese requisito recae sobre gente que ya está lidiando con un duelo.

En un banco, puede retrasar la entrega de un saldo mientras se aclara la identidad, especialmente si el titular ya murió y no puede ir a la sucursal a explicarlo.

En un trámite en otro país, puede ser el obstáculo definitivo: si el acta de defunción emitida en Estados Unidos trae un nombre y la escritura del terreno trae otro, la autoridad de allá va a pedir una prueba de que se trata de la misma persona, y esa prueba puede requerir un procedimiento judicial.

En una designación de beneficiario, puede provocar que la institución no encuentre a la persona, o que dos personas con nombres parecidos generen una disputa.

Cómo se hace el inventario de tus nombres

Este es un trabajo de una tarde y hay que hacerlo con los documentos delante, no de memoria.

Haz una lista de todos los documentos importantes de tu vida y anota, **copiando literalmente**, cómo aparece tu nombre en cada uno. Incluye: acta de nacimiento, pasaporte de cada país que tengas, tarjeta de seguro social si la tienes, licencia de manejar, acta de matrimonio, escritura de la casa, título del carro, pólizas de seguro, cuentas bancarias de los dos lados, cuentas de retiro, escrituras o títulos de allá, y las declaraciones de impuestos.

Copia con exactitud: si dice "Hernandez" sin acento, escribe "Hernandez" sin acento. La ortografía es el dato.

Después haz lo mismo con cada persona que aparece en tu plan: tu cónyuge, cada hijo, cada beneficiario, la persona que nombraste trustee sucesor. Sí, también los de allá. Sobre todo los de allá.

Cuando termines vas a tener un cuadro que te va a decir dos cosas: dónde están las discrepancias serias y cuál es la versión de tu nombre que aparece con más frecuencia en los documentos que importan.

Qué hacer con lo que encuentres

No todas las discrepancias exigen la misma reacción, y no hay que salir corriendo a cambiarlo todo.

Diferencias menores en documentos de poco peso —un acento faltante en una tarjeta de descuento— no hacen daño y no vale la pena tocarlas.

Diferencias en documentos que transfieren propiedad —escrituras, títulos de vehículos, designaciones de beneficiario— sí conviene revisarlas. En muchos casos existen mecanismos sencillos para dejar constancia de que dos versiones de un nombre corresponden a la misma persona. Cuál corresponde en tu caso depende del estado y del tipo de documento, y esa es una pregunta para el abogado, no para el empleado de la ventanilla.

Diferencias entre países son las más importantes de todas, porque el trámite de allá se va a apoyar en documentos de aquí. Si la escritura de tu terreno te nombra con dos apellidos y todos tus documentos estadounidenses traen uno solo, plantéaselo al profesional de allá desde la primera consulta con esta frase: *mi nombre aparece escrito de estas dos maneras; ¿qué hay que hacer para que el registro acepte que soy la misma persona?*

Y una recomendación general que casi siempre ayuda: **cuando firmes documentos nuevos, usa consistentemente una sola versión de tu nombre**, la que aparece en tu documento de identidad principal, y menciona las otras versiones al abogado para que las incluya donde haga falta. La consistencia hacia adelante no arregla el pasado, pero deja de agrandarlo.

Los otros documentos que no coinciden

El problema de la identidad no se limita a los nombres.

Las **fechas de nacimiento** a veces bailan entre un acta y un documento migratorio o laboral, por errores de captura o de conversión de formato. Es más común de lo que parece y produce el mismo tipo de bloqueo.

Los **estados civiles** a veces no están actualizados en todos lados: un divorcio tramitado en un país que nunca se anotó en el registro del otro, o un matrimonio celebrado allá del que aquí no hay constancia. Esto puede tener efectos serios sobre quién tiene derecho a qué, y es un tema para plantear expresamente a los profesionales de ambos lados.

Las **actas viejas o deterioradas** no siempre sirven. Muchos registros exigen copias de emisión reciente. Pedir copias nuevas de las actas clave —nacimiento, matrimonio, defunción de padres— y guardarlas juntas es una de las tareas más rentables de este libro.

Y las **traducciones y legalizaciones**: para que un documento oficial de un país surta efecto en otro, normalmente hace falta un trámite de certificación —en muchos países se resuelve con una apostilla— y una traducción hecha por alguien reconocido para eso. Averigua qué pide exactamente la autoridad que va a recibir el documento antes de pagar por una traducción, porque una traducción hecha por quien no corresponde se rechaza y se paga dos veces.

El orden en que conviene arreglar las cosas

Cuando alguien descubre cinco versiones de su nombre, la reacción natural es querer arreglarlas todas a la vez. Es mala idea: los documentos se apoyan unos en otros, y corregir en desorden puede crear contradicciones nuevas.

El orden razonable es de adentro hacia afuera.

Primero, **el documento base de tu identidad**: el acta de nacimiento. Si tiene un error de verdad —no una variante, un error—, ese se corrige en el registro civil que la emitió, y todo lo demás debería alinearse con ella.

Segundo, **los documentos de identidad vigentes**: pasaporte, licencia, tarjeta de residencia si la tienes. Estos son los que las instituciones te van a pedir todos los días.

Tercero, **los documentos de propiedad**: escrituras, títulos de vehículos. Aquí se corrige o se aclara, según lo que aconseje el abogado.

Cuarto, **las designaciones de beneficiario y las cuentas**. Son las más fáciles de actualizar y las que más rápido se desfasan.

Y en cada paso, guarda copia del documento viejo junto al nuevo. Nunca tires la versión anterior: es la prueba de la cadena. Una carpeta que contiene el acta original, la corrección y el documento nuevo cuenta una historia completa. Tres papeles sueltos en tres cajones distintos no cuentan nada.

Qué no hacer

Hay tres impulsos comprensibles que empeoran las cosas.

No corrijas nada a mano. Un nombre tachado y reescrito sobre un documento oficial no lo arregla; lo invalida y despierta sospechas.

No firmes con una versión distinta a la del documento que estás firmando. Si la escritura dice Jose M. Hernandez-Robles, firma como corresponda a ese documento y pregunta antes cómo debe hacerse. Firmar "como te sale" es sembrar una discusión futura.

No inventes coherencia hacia atrás. Si en un formulario te preguntan por nombres anteriores o variantes, dilos todos. Ocultar una versión de tu nombre no simplifica nada; complica todo el día que aparezca sola en un registro que nadie esperaba.

Un encargo específico para las familias con dos apellidos

Si en tu familia se usan dos apellidos, hay una decisión pequeña que vale la pena tomar de manera consciente y comunicarla: **cómo quieres que se escriba tu nombre completo en los documentos legales de aquí en adelante**.

Elige una forma. Con los dos apellidos, con guion, o solo con el paterno: no hay una opción correcta y depende de qué se parezca más a tus documentos existentes. Escríbela en una hoja, ponla en tu carpeta y dile a tu abogado que esa es la forma canónica y que las demás versiones son variantes tuyas.

Haz lo mismo con los nombres de tus beneficiarios cuando aparezcan en el documento. Escribir "mi hijo Juan" en un fideicomiso es mucho menos útil que escribir su nombre completo tal como aparece en su identificación oficial, con la mención de que también aparece como tal otra versión en tal documento.

Es un detalle diminuto. También es la diferencia entre un trámite de tres semanas y uno de tres años.

Un caso aparte: los apellidos de las mujeres

Merece un apartado porque en las familias hispanas produce un enredo particular y muy frecuente.

En la mayoría de los países hispanohablantes, una mujer conserva sus apellidos al casarse; a veces se añade el del marido con una preposición, en un uso social que no siempre coincide con el nombre legal. En Estados Unidos, en cambio, es común que la mujer adopte el apellido del esposo, y muchos formularios y sistemas lo dan por supuesto.

De ahí salen situaciones como esta: una señora aparece en su acta de nacimiento con sus dos apellidos, en su acta de matrimonio de allá igual, en su licencia de manejar de aquí con el apellido de su esposo, y en la escritura de la casa con una mezcla de las dos cosas. Y cuando enviuda y tiene que acreditar que ella es la esposa que figura en tres documentos distintos, empieza el trabajo.

Si esa es tu situación o la de tu esposa, hay dos cosas útiles que hacer hoy. Una: conseguir copias recientes del acta de matrimonio, que es el documento que conecta las dos identidades, y guardarla junto con las actas de nacimiento. Dos: decidir la versión canónica del nombre y usarla de aquí en adelante, mencionando las demás al abogado.

Es un enredo que no eligió nadie y que se resuelve con papeles, no con discusiones. Lo único que no funciona es descubrirlo cuando la persona que podía explicarlo ya no está.

Las preguntas para llevar

Para tu abogado con licencia en tu estado:

- Mi nombre aparece escrito de varias maneras en mis documentos. ¿Cuáles hay que corregir y cuáles se pueden dejar?
- ¿Qué mecanismo existe en mi estado para acreditar que dos versiones de un nombre corresponden a la misma persona?
- ¿Cómo conviene identificar a mis beneficiarios en el documento para que nadie tenga dudas después?

Para el profesional habilitado en el país donde está el bien:

- El nombre en el registro de allá no coincide exactamente con el de mis documentos de aquí. ¿Qué hay que presentar para resolverlo?
- ¿Qué documentos de Estados Unidos van a necesitar y con qué legalización y traducción?

Hay algo más que puedes hacer y que no cuesta nada: escribe a mano, en una hoja, la lista de todas las versiones de tu nombre que existen en el mundo, con el documento donde aparece cada una. Firma esa hoja y ponle fecha. No es un documento legal y no pretende serlo. Es una nota para quien venga después, y le va a decir en treinta segundos lo que de otro modo tendría que reconstruir en meses. Haz una igual para tu cónyuge si él o ella tiene el mismo enredo, que es lo más probable.

Y una tarea para el domingo: junta las actas de nacimiento de todos los que aparecen en tu plan. Si falta alguna, pídela. Es la pieza más barata y más buscada de todo el expediente.

Beneficiarios Designados: El Atajo Que Muchos Ignoran

Un señor pagó lo que costaba un fideicomiso completo, con carpeta de cuero y todo. Ahí dice, con claridad, que su patrimonio se reparte por partes iguales entre sus tres hijos. Murió pensando que había dejado las cosas resueltas.

Su seguro de vida —que era, con diferencia, la parte más grande de lo que tenía— fue a dar íntegro a su primera esposa, con la que se separó en 2003. No porque él lo quisiera. Porque en 1998 llenó un formulario de una página, puso su nombre en el renglón de beneficiario, y nunca lo volvió a tocar.

Ese formulario venció al fideicomiso, al testamento y a toda la voluntad del señor. Este capítulo explica por qué, y cómo evitar que te pase.

Qué es una designación de beneficiario

Varios tipos de activos permiten —o exigen— que el titular nombre por adelantado a la persona que los recibirá al morir. Los más comunes son:

- Las pólizas de seguro de vida.
- Las cuentas de retiro, incluidas las del trabajo y las individuales.
- Ciertas cuentas bancarias y de inversión, mediante instrucciones que en inglés verás como *payable on death* o *transfer on death*.
- Algunos planes de pensiones y anualidades.

- En algunos estados, ciertos vehículos e incluso inmuebles, mediante documentos específicos.

Cuando existe una designación válida, el activo normalmente pasa **directamente** a esa persona al morir el titular. No entra al procedimiento judicial de sucesión, no lo administra el trustee de tu fideicomiso, y no se reparte según lo que diga tu testamento.

Dicho de la manera más simple posible: **el formulario le gana al documento**.

Por qué le gana

No es un capricho. Es una relación contractual. Cuando contratas una póliza o abres una cuenta de retiro, firmas un contrato con esa institución en el que le indicas a quién debe pagarle. La institución cumple ese contrato. No tiene por qué saber que años después firmaste un fideicomiso, ni le corresponde interpretarlo.

Por eso, una parte enorme del patrimonio de mucha gente —a veces la mayor parte— se mueve por fuera de todo el aparato del testamento y del fideicomiso. Y por eso una revisión de designaciones es, muchas veces, la acción más barata y más útil que una familia puede hacer.

Las cinco fallas típicas

Uno: la designación vieja. El caso del ejemplo. Un divorcio, una segunda unión, una reconciliación, y el formulario sigue como en los noventa. Algunos estados tienen reglas que anulan automáticamente ciertas designaciones al divorciarse, pero no todos, no para todos los tipos de cuenta, y depender de eso es una apuesta. Cámbialo tú.

Dos: no hay beneficiario, o el beneficiario ya murió. Si el renglón está vacío o la persona designada falleció antes, el activo suele ir a parar a un destino por defecto que fija el contrato o la ley, y ese destino puede ser justamente lo que querías evitar: tu patrimonio general, con procedimiento judicial incluido. La solución es simple: **siempre nombra un beneficiario alterno**, por si el principal no está.

Tres: nombrar a un menor de edad. Un menor no puede recibir y administrar dinero directamente. Si nombras beneficiario a un nieto de once años, lo que va a pasar es que alguien tendrá que acudir a una autoridad para que se designe quién administra ese dinero, con supervisión y costos, y a cierta edad el joven recibirá todo de golpe. Casi nunca es lo que la gente imaginaba. Hay maneras mejores y se diseñan con el abogado.

Cuatro: nombrar al fideicomiso sin preguntar. A veces conviene que el beneficiario sea el propio fideicomiso; a veces es una mala idea, sobre todo con cuentas de retiro, donde las reglas fiscales aplicables a lo que hereda un fideicomiso pueden ser distintas de las que aplican a una persona. Yo no te voy a decir cuál es tu caso. Te digo que **esa decisión no se toma en el formulario, se toma en la consulta**, y que hay que involucrar a un contador o asesor fiscal.

Cinco: la designación que no coincide con el reparto. Tú quieres que tus tres hijos reciban lo mismo. Pero la cuenta de retiro grande tiene beneficiario a uno solo, y la casa se la dejaste a otro. En el papel del fideicomiso todo se ve equilibrado; en la realidad no lo está. El único modo de saberlo es poner los dos lados sobre la misma mesa y sumar.

La complicación cuando el beneficiario vive fuera

Todo lo anterior se aplica igual, con dos agregados.

Primero, la institución va a pedirle a esa persona una identificación y posiblemente una identificación fiscal, con todo lo que vimos en el capítulo anterior. Vale la pena preguntarle a la compañía de seguros o al administrador del plan, hoy, **qué exigirían exactamente si el beneficiario vive en otro país**. Es una llamada de quince minutos y la respuesta te puede hacer cambiar el diseño.

Segundo, puede haber retenciones o requisitos de reporte asociados a pagos hechos a personas no residentes. Eso depende del tipo de activo y de la situación de la persona, y se pregunta a un contador con experiencia internacional. Que exista un requisito no significa que sea un problema; significa que hay que preverlo para que nadie se lleve una sorpresa el día del pago.

El seguro de vida merece un párrafo aparte

De todos los activos con designación, el seguro de vida es el que más peso tiene en las familias trabajadoras, y el que peor se conoce.

Hay dos cosas que conviene saber sin entrar en tecnicismos. La primera es que existen tipos muy distintos de póliza, y algunas cubren solo durante cierto número de años, después de los cuales la protección se acaba aunque hayas pagado toda la vida. Mucha gente cree tener un seguro que ya no tiene. Sacar la póliza y verificar hasta cuándo cubre es una tarea de diez minutos que a veces cambia por completo la planeación de una familia.

La segunda es que el seguro de vida es dinero que suele llegar rápido, mientras que casi todo lo demás llega lento. Eso lo convierte, en la práctica, en la herramienta más útil para resolver los gastos inmediatos: el funeral, el traslado del cuerpo si la familia quiere enterrar del otro lado —que es caro y urgente—, los pagos de la hipoteca de los primeros meses, los honorarios de los trámites de ambos países.

Si esa es la función que tú quieres que cumpla, entonces quién esté nombrado en ese formulario importa el doble, porque esa persona va a tener el dinero en la mano antes que nadie y sin obligación de compartirlo. Piénsalo con el abogado en vez de resolverlo por costumbre.

Y una nota sobre las pólizas contratadas en el otro país, que también existen: siguen las reglas de ese país y de esa aseguradora. Si tienes una, incluye sus datos en tu lista y pregunta en la aseguradora qué documentos pedirían a tus beneficiarios.

Un caso que se repite: el hijo "encargado"

Otra falla frecuente merece nombre propio, porque no es un descuido sino una decisión mal hecha.

Es la de quien nombra beneficiario único a un solo hijo —el más responsable, el que vive cerca, el que habla inglés— con el entendido verbal de que él repartirá con los demás.

Legalmente, ese dinero es suyo. Punto. Si decide repartir, lo hace por voluntad propia, y en algunos casos ese reparto puede tener sus propias consecuencias fiscales para él. Si decide no repartir, nadie puede obligarlo. Y aunque reparta puntualmente, queda en una posición horrible: el hermano que administra el dinero de todos sin autoridad formal para hacerlo.

Nombrar a varios beneficiarios con porcentajes, o dirigir el activo hacia una estructura pensada para eso, resuelve el mismo objetivo sin poner a nadie en esa silla. Habla con el abogado antes de cargarle esa mochila a un hijo.

La revisión que puedes hacer este mes

Este es el capítulo más accionable del libro, así que aquí va el encargo concreto.

Haz una lista de todos los activos que tienen designación de beneficiario. Para cada uno, consigue **la hoja de designación vigente**, no el contrato: son documentos distintos y el que manda es el segundo. Se pide por teléfono, por el portal en línea o por escrito a la compañía o al administrador del plan.

Cuando las tengas todas, revisa cuatro cosas en cada una: quién es el beneficiario principal, quién es el alterno, cómo está escrito su nombre, y si los porcentajes suman lo que tú creías.

Si algo no cuadra, no lo corrijas todavía. Primero junta todo, y llévalo entero a la consulta con el abogado. Una designación cambiada aisladamente puede desequilibrar el conjunto.

Y cuando hagas los cambios, **pide y guarda la confirmación por escrito** de cada uno. Un formulario enviado no es un formulario procesado. He visto —y esta es una advertencia general, no un caso concreto— que la parte más frágil de todo el proceso es dar por hecho que el cambio se aplicó.

Lo que pasa si nadie reclama

Vale la pena saber qué ocurre con un activo cuyo beneficiario nunca aparece, porque en familias repartidas entre países ocurre más de lo que parece.

Las instituciones no salen a buscar herederos. Si nadie presenta un reclamo, la póliza o la cuenta se queda quieta. Pasado cierto tiempo de inactividad, los saldos de cuentas y pólizas no reclamadas suelen entregarse a un programa estatal de bienes no reclamados, donde permanecen a nombre del titular original.

Eso significa dos cosas. La primera, tranquilizadora: el dinero normalmente no desaparece, y se puede reclamar después, aunque el trámite sea largo y requiera probar el parentesco con documentos que quizá haya que traer de otro país. La segunda, menos tranquilizadora: pueden pasar años antes de que alguien lo descubra, y en ese tiempo la familia habrá tomado decisiones importantes creyendo que no había ese dinero.

Todo esto se evita con una hoja de papel que diga qué pólizas existen y en qué compañías. Es, otra vez, el mismo consejo del libro entero: el problema rara vez es legal; casi siempre es que nadie sabía.

Cuándo volver a revisar

Las designaciones no son para siempre. Hay cinco momentos en los que hay que sacarlas del cajón sin falta: un matrimonio, un divorcio, el nacimiento de un hijo o un nieto, la muerte de alguien nombrado en ellas, y un cambio de empleo —porque el plan de retiro nuevo tiene su propio formulario y empieza en blanco —.

Ponte además un recordatorio cada dos o tres años. Es media hora. En algunas familias esa media hora vale más que todo lo demás que este libro propone.

Las preguntas para llevar

Para cada compañía de seguros y administrador de plan de retiro:

- ¿Me pueden mandar copia de la designación de beneficiario vigente de esta cuenta o póliza?
- ¿Puedo nombrar beneficiarios alternos y en qué porcentajes?
- ¿Qué necesitarían de un beneficiario que vive fuera de Estados Unidos?

Para tu abogado con licencia en tu estado:

- Aquí están todas mis designaciones. ¿Cuadran con lo que quiero que pase?
- ¿Conviene que alguna nombre al fideicomiso como beneficiario? ¿Cuál sí y cuál no?
- Tengo un beneficiario menor de edad. ¿Cómo se estructura eso?

Para un contador o asesor fiscal:

- ¿Cambia algo, fiscalmente, quién herede mi cuenta de retiro?
- ¿Hay retenciones si el beneficiario no reside en Estados Unidos?

Y una pregunta para ti: ¿cuándo fue la última vez que viste, con tus propios ojos, el nombre que está escrito en la póliza de tu seguro de vida? Si la respuesta es "hace años" o "nunca", ya sabes cuál es tu tarea de esta semana.

Impuestos Y Doble Tributación: Qué Preguntar Antes De Firmar Nada

Este es el capítulo más corto en respuestas y el más largo en preguntas, y así tiene que ser.

En materia fiscal internacional, la distancia entre "lo que dice un libro" y "lo que aplica a tu caso" es enorme. Depende del país, del tipo de bien, de tu situación fiscal personal, de la de cada heredero, de si hay acuerdos entre los dos países y de cuál sea la versión vigente de todo eso el día que ocurra el hecho. Cualquier autor que te dé una cifra o una regla cerrada te está haciendo un daño, porque vas a tomar una decisión con información que caducó.

Lo que sí puedo hacer, y es mucho, es enseñarte el mapa de los tipos de impuesto que aparecen en estas conversaciones, para que sepas de qué te están hablando y puedas hacer la pregunta correcta a la persona correcta.

Las familias de impuestos que suelen aparecer

No son lo mismo y la gente las mezcla constantemente.

Impuestos sobre la sucesión o la herencia. Son los que gravan la transmisión de bienes por causa de muerte. En Estados Unidos existen a nivel federal y, en algunos estados, también estatal, con reglas distintas. En otros países existen figuras equivalentes con nombres y estructuras propias. Quién los paga —el patrimonio del difunto o el heredero que recibe—

también cambia según el sistema. No te doy umbrales ni tasas: cambian, y a veces cambian de un año a otro.

Impuestos sobre la ganancia al vender. Cuando un bien se vende, puede haber impuesto sobre la diferencia entre lo que costó y lo que se obtuvo. Aquí hay un concepto que vale la pena conocer porque afecta decisiones importantes: en algunos sistemas, el valor de referencia de un bien heredado se ajusta al momento de la muerte, lo que cambia mucho el resultado si los herederos venden después. Si eso aplica a tu caso, a qué bienes y en qué país, se lo preguntas a un contador. Es una de las razones por las que regalar un bien en vida y heredarlo pueden tener resultados fiscales muy distintos.

Impuestos sobre donaciones. Muchos sistemas gravan también lo que se regala en vida, precisamente para que la gente no evite el impuesto sucesorio regalando todo antes de morir. Otra vez: reglas y montos distintos en cada lugar.

Impuestos locales sobre la propiedad. El predial de aquí y el de allá. No son de sucesión, pero se acumulan, y un terreno con años de impuesto sin pagar puede volverse un pasivo en lugar de un activo.

Impuestos sobre la renta que sigue generando el patrimonio. Si el difunto dejó una casa que se renta, un negocio o cuentas que producen intereses, esos ingresos siguen generando obligaciones mientras el patrimonio se liquida, y alguien tiene que declararlos.

Doble tributación: qué es y qué no

La frase "doble tributación" asusta y se usa con ligereza. Significa, en esencia, la posibilidad de que dos países quieran gravar el mismo hecho.

Existen mecanismos para atenuar ese efecto. Algunos países han firmado acuerdos entre sí sobre determinadas materias fiscales; algunos sistemas permiten acreditar lo pagado en el otro país; algunos no contemplan nada. Cuáles existen entre Estados Unidos y el país que a ti te interesa, y qué materias cubren exactamente, es algo que **no voy a afirmar de memoria en este libro** y que tú tampoco deberías aceptar de memoria de nadie. Se verifica en la fuente: los textos oficiales publicados por las autoridades fiscales de los dos países, leídos por un profesional que sepa interpretarlos.

Lo que sí conviene entender es la lógica general: **cada país decide a quién y qué grava según sus propios criterios**, que suelen combinar dónde vive la persona, de dónde es nacional y dónde están los bienes. Como esos criterios no coinciden entre países, es perfectamente posible que dos sistemas se consideren competentes sobre el mismo bien. Que eso produzca una doble carga real depende de si hay mecanismos de alivio aplicables.

De ahí sale una conclusión práctica: en una familia con bienes en dos países, la pregunta fiscal no es un detalle final. Es una de las variables que pueden cambiar el diseño entero del plan.

Una palabra sobre el dinero que ya mandas

Hay una pregunta que casi nadie hace y que en tu situación es totalmente pertinente: qué tratamiento tiene el dinero que mandas o recibes de manera habitual entre los dos países.

No hablo de sospechas ni de nada irregular. Hablo de la realidad cotidiana de millones de familias: envíos mensuales a un familiar, dinero que un hermano manda para el impuesto del terreno, una cantidad que se junta entre varios para arreglar la casa de los papás, una venta hecha allá cuyo producto termina aquí.

Cada uno de esos movimientos puede tener, según su naturaleza y su monto, un tratamiento fiscal o una obligación de informar en alguno de los dos países. Puede que en tu caso no haya ninguna. Puede que sí. Lo que no conviene es suponer.

Es exactamente el tipo de pregunta que se le hace a un contador con experiencia internacional, en una consulta corta, con los datos reales sobre la mesa. Formúlala así: *estos son los movimientos habituales de dinero entre mi familia de aquí y la de allá; ¿alguno genera obligaciones que yo deba conocer?*

Con quién hablar, y en qué orden

Un error frecuente es plantearle todas estas preguntas al abogado que redacta el fideicomiso. Un abogado de planeación patrimonial es la persona correcta para el diseño legal, y muchos saben bastante de la parte fiscal estadounidense. Pocos son especialistas en la fiscalidad del país donde está tu terreno, y no tienen por qué serlo.

El orden que suele funcionar es este.

Primero, un **contador o asesor fiscal en Estados Unidos con experiencia en asuntos internacionales**. No el preparador de temporada; alguien que trabaje habitualmente con personas que tienen activos o familiares fuera del país. A esa persona le llevas tu mapa del capítulo dos.

Segundo, un **profesional fiscal en el país donde están los bienes**, que te diga qué implica allá lo que estás pensando hacer.

Tercero, el **abogado de planeación patrimonial**, ya con las dos respuestas en la mano, para que el documento se diseñe sabiendo dónde están los costos.

Sí, son tres consultas. Sí, cuestan. También cuesta menos que descubrir después que la estructura elegida generó una carga que se podía haber evitado con una conversación previa.

Dónde se verifican los números

Cuando necesites una cifra concreta —un umbral, una tasa, una fecha límite—, estos son los lugares donde se busca la versión vigente, y no hay otro atajo honesto.

Para lo federal estadounidense, la página oficial del organismo fiscal de Estados Unidos, que publica sus propias guías y formularios actualizados.

Para lo estatal, el departamento de ingresos o de hacienda de tu estado, que también tiene su propia página.

Para el impuesto local sobre la propiedad, la oficina del tasador o del recaudador de tu condado.

Para el otro país, la autoridad fiscal nacional correspondiente y, para lo local, la autoridad municipal donde está el inmueble.

Y para interpretarlo todo, un profesional. Leer la página oficial te da el dato; te falta saber si ese dato aplica a tu caso, y esa segunda parte es justamente por lo que se paga una consulta.

Qué llevar a esa consulta

Una consulta fiscal mal preparada es dinero tirado, porque el profesional se pasa la hora haciéndote preguntas que podrías haber contestado por adelantado. Lleva esto:

Tu mapa de bienes del capítulo dos, con las tres columnas y, para cada renglón, el país, el titular y la forma de titularidad.

Para cada inmueble, el documento de propiedad y una idea de cuándo se adquirió y en cuánto. Esa segunda parte importa más de lo que parece para la parte de las ganancias, y a veces está solo en la memoria de alguien.

La lista de tus herederos, con su país de residencia y si son o no ciudadanos o residentes estadounidenses. Este dato cambia respuestas.

Tus declaraciones de impuestos de los últimos años.

Y una lista escrita de lo que quieres lograr, en lenguaje normal: "quiero que mi esposa se quede en la casa mientras viva", "quiero que el terreno sea para mi hermana", "quiero que mis tres hijos reciban lo mismo". El profesional no puede optimizar hacia un objetivo que no le dijiste.

El impuesto que sí es seguro: el del tiempo

Hay un costo que no depende de ninguna ley y que en las familias transnacionales suele ser el más alto de todos: lo que se pierde por no hacer nada.

Los adeudos de predial que se acumulan sobre un terreno abandonado. Las multas o recargos por trámites que se hicieron tarde. Los honorarios de un procedimiento que se volvió complicado porque los herederos se multiplicaron. El valor de una propiedad que se deterioró porque nadie podía decidir si arreglarla. Los meses de trabajo perdido de la persona de la familia que tuvo que dedicarse a esto.

Ninguno de esos costos aparece en una tabla de impuestos, y sumados suelen superar a los impuestos. Cuando hagas la cuenta de si vale la pena pagar tres consultas, ponlos del otro lado de la balanza.

Un consejo sobre las promesas fiscales

Cierro con una advertencia, porque en esta nicho abundan.

Si alguien te ofrece una estructura que "elimina" impuestos, o te dice que con un fideicomiso "ya no pagas nada", pide que te lo explique por escrito y llévaselo a un contador antes de firmar. Un fideicomiso revocable, que es el instrumento del que trata este libro, **no está diseñado como herramienta de ahorro fiscal**. Su valor está en evitar el procedimiento judicial, en resolver la incapacidad y en dar instrucciones detalladas. Quien te lo venda como escudo tributario está describiendo otro producto o está exagerando el que tiene.

También desconfía del argumento contrario: el miedo. "Si no haces esto ya, tu familia va a perder la mitad." Puede que en tu caso no haya ningún impuesto sucesorio aplicable. Puede que sí. Nadie lo sabe hasta que alguien mire tus números, y quien afirma antes de mirar no está informando, está vendiendo.

Las preguntas para llevar

Para un contador o asesor fiscal estadounidense con experiencia internacional:

- Con mi patrimonio y mi situación, ¿qué impuestos podrían aplicar al morir yo, aquí y en el otro país?
- ¿Tengo alguna obligación de reportar bienes o cuentas en el extranjero, y desde cuándo?
- ¿Cambia el resultado si regalo un bien en vida en lugar de dejarlo en herencia?
- Si mis herederos venden el terreno de allá, ¿qué se declara aquí?

Para un profesional fiscal del país donde está el bien:

- ¿Qué impuesto aplica aquí a esta transmisión y quién lo paga?
- ¿Hay algún mecanismo de alivio aplicable respecto de lo que se pague en Estados Unidos?
- ¿Hay adeudos acumulados sobre este inmueble?

Para tu abogado, al final: *con estas dos respuestas, ¿cambiarías algo del diseño?*

Una advertencia final sobre a quién le cuentas qué. En estas consultas vas a tener que hablar con franqueza de dinero que quizá nunca has comentado con nadie: una cuenta vieja allá, un terreno que compraste en efectivo, una ayuda que le das a alguien cada mes. La tentación de contar solo una parte es enorme, y es exactamente lo que arruina el consejo. Un profesional que trabaja con la mitad de la información te va a dar una recomendación buena para una situación que no es la tuya. Si el problema es que no confías en la persona, cambia de persona; no cambies los datos.

Y una nota mental que vale más que cualquier cifra: cada vez que alguien te dé un número en este tema, pregúntale de qué año es y dónde lo puedes verificar. Si no lo sabe, no era un número.

Quién Decide Si Tú No Puedes: Poderes Y Directivas

Casi todo este libro habla de lo que pasa cuando alguien muere. Este capítulo habla de algo estadísticamente más probable y para lo que casi nadie se prepara: que sigas vivo pero ya no puedas decidir.

Un derrame a los cincuenta y ocho. Un accidente en la carretera. Una demencia que avanza despacio hasta que un día tu esposa se da cuenta de que ya no puedes firmar un papel entendiendo lo que firmas. En cualquiera de esos escenarios, tu patrimonio sigue existiendo, las cuentas siguen cobrando, la hipoteca sigue venciendo y alguien tiene que hablar con los médicos. Si nadie tiene autoridad, la familia se queda paralizada delante de instituciones que, con toda razón, no le van a hablar a quien no puede acreditar que representa al titular.

El vacío que se llena con un juez

Cuando una persona pierde la capacidad de decidir y no dejó documentos, el camino que queda es acudir a una corte para que declare esa incapacidad y nombre a alguien que administre sus asuntos o cuide de su persona. Los nombres del procedimiento y de la figura varían de estado a estado, y también varían los requisitos y la supervisión.

Es un camino que existe por buenas razones —protege a personas vulnerables de quien quiera aprovecharse—, pero tiene costos altos: lleva tiempo, se hace en público, requiere abogados, y con frecuencia obliga a rendir cuentas periódicas a la corte durante años. Y no siempre el juez nombra a quien tú habrías elegido: en una familia dividida, dos hijos pueden pedir el nombramiento a la vez.

Todo eso se puede evitar, en buena medida, con tres documentos que se firman en una tarde estando bien.

Los tres documentos

El poder duradero para asuntos financieros. En inglés lo verás como *durable power of attorney*. Autoriza a una persona de tu confianza a actuar en tu nombre en asuntos de dinero y propiedad. La palabra clave es "duradero": significa que sigue siendo válido si tú pierdes la capacidad, que es precisamente cuando hace falta. Un poder que no tenga esa característica puede quedarse sin efecto en el peor momento, y cómo se logra eso depende de la ley de cada estado.

La directiva médica anticipada. Es el documento donde nombras a quién decide sobre tu atención médica si tú no puedes, y donde puedes dejar dicho qué tipo de tratamientos quieres o no quieres. Según el estado se llama de distintas maneras y a veces son dos documentos separados: uno para nombrar a la persona y otro para expresar tus deseos. Va acompañado, normalmente, de una autorización para que los médicos puedan compartir tu información con esa persona, porque sin ella la ley de privacidad médica les impide hablar.

El fideicomiso con su trustee sucesor. Como vimos, el fideicomiso permite que la persona que designaste tome el control de los bienes que están dentro si tú no puedes. Esta es una de sus ventajas más subestimadas, y funciona sin corte de por medio.

Los tres se complementan y ninguno sustituye a los otros. El poder cubre lo que está fuera del fideicomiso. El fideicomiso cubre lo que está dentro. La directiva cubre tu cuerpo, que no es un bien.

Los límites que hay que conocer

Aquí conviene ser honesto sobre lo que estos documentos no garantizan.

Un poder no obliga a nadie a aceptarlo. Bancos e instituciones a veces rechazan poderes por antigüedad, por formato o por sus propias políticas internas, y a veces exigen que se use el suyo. No siempre es legal negarse, y las reglas varían por estado, pero discutirlo desde una sala de hospital no es una posición cómoda. Práctica sensata: pregunta hoy en tu banco y en tu compañía de seguros si aceptan un poder general o si tienen un formulario propio, y llena el suyo también.

Un poder se extingue con la muerte. Ya lo dijimos en el capítulo del terreno y vale repetirlo, porque es el malentendido más costoso: el día que la persona muere, el apoderado deja de tener autoridad. Lo que sigue es asunto del trustee sucesor o del representante nombrado por la corte. Si alguien sigue usando un poder después del fallecimiento, aunque sea de buena fe, se está metiendo en un problema serio.

Un documento firmado aquí puede no servir allá. Un poder o una directiva otorgados en Estados Unidos pueden requerir trámites adicionales para tener efecto en otro país —legalización o apostilla, traducción, a veces otorgamiento ante consulado— y en algunos casos el sistema de allá exige un instrumento propio. Si tú pasas temporadas largas del otro lado, o si tienes bienes que alguien tendría que administrar allá mientras vives, esa es una pregunta expresa para el profesional de aquel país: *¿qué documento necesito otorgar aquí para que alguien pueda actuar por mí si yo no puedo?*

Nada de esto funciona si nadie sabe que existe. Un poder guardado en una caja de seguridad a la que solo tú tienes acceso es un poder inútil. Este punto tiene su propio capítulo al final.

Cómo se ve la incapacidad en una familia de dos países

Conviene imaginarlo con detalle, porque la escena tiene particularidades que no aparecen en los manuales generales.

Un hombre de setenta y un años sufre un derrame un jueves por la mañana. Sobrevive, pero queda sin poder hablar ni firmar. Su esposa está con él. Su hija mayor vive en la misma ciudad. Su hijo del medio vive en otro estado. Su hija menor vive en el país de origen y no puede viajar de inmediato.

En los primeros días, lo urgente es médico y lo resuelve quien esté ahí. A la segunda semana empiezan los problemas de papel. Hay que pagar la hipoteca y el seguro. Hay que renovar el registro de la troca. Hay que cobrar un cheque que llegó a su nombre. Hay que decidir si se cancela el viaje que tenía pagado. Y hay que responder a un vecino de allá que llama para avisar que alguien está cortando árboles en el terreno.

Sin documentos, casi ninguna de esas cosas se puede hacer legalmente, y la familia se ve empujada a improvisar: usar la cuenta conjunta para todo, pedirle a un primo de allá que "vea qué pasa" con el terreno, firmar cosas en nombre de alguien que no puede autorizarlas. Cada una de esas improvisaciones puede convertirse en un problema.

Con documentos, la misma escena se ordena. La esposa tiene el poder financiero y puede pagar y firmar. El fideicomiso permite manejar lo que está adentro. La directiva médica dice quién habla con los médicos, y esa persona ya sabía que le tocaba porque se lo dijeron hace tres años. Y para el terreno de allá existe un documento otorgado con las formalidades de aquel país, o al menos existe el teléfono del profesional que sabe qué hacer.

Nada de eso quita el dolor. Quita el caos, que es distinto y también importa.

A quién nombrar, y por qué no siempre es el mismo

La persona que maneja tu dinero y la que decide sobre tu tratamiento médico no tienen que ser la misma, y a veces no deben serlo.

Para lo **financiero**, busca a alguien organizado, disponible, honesto y capaz de decir que no a otros familiares. No tiene que ser el mayor ni el que más quieres: tiene que ser el que sabe llevar papeles.

Para lo **médico**, busca a alguien capaz de estar en un hospital sin derrumbarse y de sostener tu decisión frente a la presión de la familia. Esa es la parte difícil: si tú dejaste dicho que no quieres cierto tratamiento, esa persona va a tener que decírselo a los médicos con tus hijos llorando alrededor. No todos pueden. Y conviene ser sincero sobre eso al elegir.

En familias repartidas entre países hay una consideración adicional: **la distancia física importa mucho más de lo que parece**. Para lo médico, alguien que pueda llegar al hospital en horas es infinitamente más útil que alguien que quiere mucho pero está a un vuelo internacional y quizá no pueda viajar de inmediato por razones que no controla. Para lo financiero, alguien que pueda ir físicamente a un banco resuelve problemas que a distancia se atoran.

Eso no significa excluir a nadie. Se puede nombrar a la persona más cercana como titular y a otra como alterna, y se puede —y se debe— decirles a todos por qué se decidió así. Una decisión explicada en vida es una decisión que no se interpreta como preferencia después.

La conversación sobre el cuerpo, que es la que más se evita

Hay una parte de este capítulo que no es de papeles y que las familias posponen hasta que es tarde: decir qué quieres que pase contigo.

No me refiero solo al tratamiento médico. En una familia transnacional hay una pregunta adicional, concreta y cara, que aparece a las pocas horas de un fallecimiento: **dónde se entierra a la persona**. Muchas familias descubren en el peor momento que el padre siempre quiso que lo llevaran de regreso y nunca lo dijo con claridad, o que lo dijo hace veinte años en una sobremesa y ahora los hijos no se ponen de acuerdo sobre si hablaba en serio.

El traslado internacional de un cuerpo es un proceso costoso, con requisitos formales de ambos países y con plazos. Se resuelve, y hay funerarias que se dedican a eso. Pero se resuelve mucho mejor si la familia sabe de antemano cuál era la voluntad, si alguien ha averiguado el procedimiento y si hay dinero disponible rápido para cubrirlo, que es una de las razones por las que el seguro de vida importa tanto en estas familias.

Escríbelo. No en el fideicomiso —que a veces se lee tarde—, sino en una hoja aparte, en tu carpeta, que la gente vaya a encontrar el primer día. Y dilo en voz alta al menos una vez a dos personas distintas.

Si además tienes preferencias sobre tu atención médica —qué tratamientos aceptarías y cuáles no, qué te importa más si llega ese momento—, la directiva es el lugar formal, pero la conversación es lo que de verdad hace que se cumplan. Un documento le da a tu representante la autoridad; una conversación previa le da el valor de usarla.

Nombra alternos y habla con ellos

Dos errores gemelos cierran este capítulo.

El primero es no nombrar sustitutos. La persona que elegiste puede morir antes, enfermarse, mudarse o simplemente no querer. Nombra siempre al menos un alterno para cada papel, y di en qué orden.

El segundo, más común de lo que uno cree, es **no avisarle a la persona que la nombraste**. Sucede constantemente: alguien se entera de que es apoderado o trustee sucesor el día de la crisis, en un pasillo de hospital, y descubre que aceptó una responsabilidad que nunca discutió.

Pregúntaselo antes. Con estas palabras: *quiero nombrarte para que decidas por mí si yo no puedo; ¿te sientes en condiciones de hacerlo?* Aceptar tiene que ser una decisión suya, no una sorpresa tuya. Y si dice que no, agradécele la honestidad: acabas de evitar un problema mucho mayor.

Después, dile dónde van a estar los documentos y qué contiene cada uno. No hace falta que lea todo. Basta con que sepa que existen y dónde buscarlos.

Las preguntas para llevar

Para tu abogado con licencia en tu estado:

- ¿Qué documentos de incapacidad necesito en mi estado y cómo se llaman aquí?
- ¿Cómo me aseguro de que el poder siga siendo válido si pierdo la capacidad?
- ¿Puedo nombrar a personas distintas para lo financiero y lo médico, con alternos?
- ¿Qué pasa con los bienes que no están en el fideicomiso si yo quedo incapacitado?

Para tu banco y tu aseguradora: *¿aceptan un poder general o tienen su propio formulario? ¿Puedo dejarlo firmado desde ahora?*

Para el profesional del otro país: *¿qué documento se necesita aquí para que alguien pueda actuar por mí en vida si yo no puedo, y qué formalidades tiene?*

Y para la persona que estás pensando nombrar, esta semana, sin adornos: *¿lo harías?*

Una última tarea, pequeña y muy eficaz. Cuando tengas los documentos firmados, entrega una copia de la parte médica a tu médico de cabecera para que quede en tu expediente, y lleva otra copia contigo cuando viajes. Los papeles que sirven son los que están donde ocurre la emergencia, no los que están perfectamente archivados en tu casa.

Elegir Sucesor Cuando La Familia Está Repartida

De todas las decisiones de este libro, esta es la única que no tiene un componente técnico. No hay una regla legal que te diga a quién nombrar. Es un juicio sobre personas, hecho por alguien que las quiere a todas y que sabe cosas de ellas que no le contaría a nadie.

Y es, con mucha diferencia, la decisión que más determina si tu plan va a funcionar.

Qué le estás pidiendo realmente a esa persona

Antes de pensar en nombres, conviene ver el trabajo con claridad, porque casi todo el mundo lo subestima. Cuando nombras a alguien trustee sucesor, le estás pidiendo que, en el peor momento de su vida emocional, haga esto durante meses o años:

Localizar y hacer inventario de todo lo que tenías, incluyendo lo que no le dijiste a nadie. Comunicarse con bancos, aseguradoras y administradores de planes, casi siempre en inglés y casi siempre por teléfono, en horario laboral. Contratar y supervisar profesionales. Presentar declaraciones de impuestos que quizá nunca ha visto. Pagar deudas y cuentas en el orden correcto. Mantener registros de cada peso que entra y sale. Informar a los beneficiarios, incluidos los que viven lejos y desconfían. Y, al final, repartir y cerrar.

Todo eso con un deber legal encima: administrar en interés de los beneficiarios y no en el suyo, con la posibilidad de responder personalmente si lo hace mal.

Ahora sí, con esa descripción de puesto en la mano, la pregunta "¿quién?" se ve distinta.

Las cualidades que de verdad importan

Organización antes que inteligencia. El trabajo es de papeles, plazos y constancia. Alguien metódico que guarde recibos vale más que alguien brillante que pierde documentos.

Disponibilidad real. Esto lleva tiempo en horario de oficina. Una persona con un trabajo que no le permite hacer llamadas entre semana, o con tres niños chicos y dos empleos, puede ser perfecta en todo lo demás y aun así no poder.

Firmeza. Va a tener que decirle que no a su propio hermano. Va a tener que negarse a adelantar dinero, a vender antes de tiempo, a hacer excepciones. Quien no soporta el conflicto sufre mucho en este papel y suele terminar cediendo, que es la manera más rápida de meterse en problemas.

Honestidad comprobada, no supuesta. Alguien con problemas de dinero, deudas o adicciones no debería estar cerca del patrimonio familiar, por mucho que se le quiera. Esta frase es dura y es la más importante del capítulo.

Capacidad de comunicar. La mitad de los conflictos se evitan con mensajes periódicos. Alguien que desaparece durante tres meses y luego manda un documento firmado genera desconfianza aunque haya hecho todo bien.

Nota lo que no está en la lista: ser el mayor, ser hombre, ser el que más te quiere, ser el que más necesita el dinero, o vivir en la casa. Ninguna de esas cosas predice nada.

El factor geográfico

En una familia repartida entre países, la ubicación no es un detalle: es una restricción operativa.

Buena parte del trabajo del trustee sucesor de un fideicomiso estadounidense se hace **aquí**: sucursales bancarias, oficinas del condado, citas con el abogado, la casa que hay que asegurar y mantener, el correo que hay que recoger. Una persona que vive en otro país puede legalmente ocupar ese papel en muchos casos, pero va a chocar todos los días con obstáculos prácticos: identificación aceptada por las instituciones, husos horarios, imposibilidad de presentarse físicamente, y a veces requisitos formales adicionales según el estado o la institución.

Al revés pasa lo mismo. Los trámites del bien de allá se hacen allá, y quien viva del otro lado va a tener ventaja natural para esa parte.

De ahí sale una solución que muchas familias transnacionales adoptan y que conviene considerar expresamente: **dos encargos separados**. Alguien que se ocupe de lo estadounidense bajo el fideicomiso, y alguien que se ocupe del asunto de allá bajo el instrumento que corresponda en aquel país. No son el mismo puesto y no tienen por qué ser la misma persona.

Si eliges ese camino, hay una obligación adicional para ti: **decirles a los dos que existe el otro**, y dejar escrito quién hace qué. Dos personas con encargos paralelos que no se conocen es una receta para la duplicación y la sospecha.

Los cuatro candidatos de siempre, y qué falla en cada uno

En casi todas las familias aparecen los mismos cuatro perfiles. Ninguno es malo; cada uno tiene un punto ciego que conviene mirar de frente antes de decidir.

El hijo mayor. Se le nombra por costumbre, porque siempre fue el que cargó con todo. El punto ciego es que la primogenitura no es una competencia: es un accidente de fechas. Si además vive lejos o está desbordado, el nombramiento por tradición se convierte en un puesto vacante.

El que vive más cerca de ti. Es la elección más práctica y suele ser la correcta para la parte operativa. El punto ciego es que la cercanía física a veces viene acompañada de una relación intensa y complicada contigo —el hijo que te cuidó, el que dejó de estudiar por quedarse—, y los hermanos de lejos pueden leer su nombramiento como la confirmación de un favoritismo antiguo. Se resuelve explicando el criterio, no cambiando la elección.

El que habla mejor inglés. Un valor real, porque casi todo el trámite se hace en inglés. El punto ciego es que hablar inglés no es lo mismo que saber llevar cuentas ni que tener carácter para negarse a un préstamo familiar. El idioma se puede comprar con un intérprete o un profesional; el carácter no.

El que tiene dinero. Se supone que quien está bien económicamente no tendrá tentaciones. Puede ser cierto. El punto ciego es que quien está bien suele ser también quien tiene menos tiempo, y que a veces esa persona aporta a la familia una manera de decidir —rápida, ejecutiva, sin consultar— que en un reparto entre hermanos genera exactamente el tipo de conflicto que quieres evitar.

Míralos a los cuatro con esta pregunta simple: si mañana esta persona tuviera que decirle que no a su hermano favorito, ¿lo haría?

Cuando no hay nadie obvio

A veces la respuesta honesta es que ningún miembro de la familia reúne las condiciones. Puede que los hijos sean muy jóvenes, o que estén enemistados, o que ninguno pueda con la carga. No es un fracaso familiar; pasa mucho.

Hay alternativas, y todas cuestan dinero.

Existen empresas y departamentos de instituciones financieras que ofrecen servicios profesionales de administración fiduciaria. Cobran, tienen procedimientos y no se cansan ni se pelean con nadie. La contrapartida es que son impersonales y que no todos aceptan patrimonios pequeños o situaciones internacionales complicadas.

Existe también la fórmula mixta, que a muchas familias les funciona bien: nombrar a un familiar con la obligación de contratar y apoyarse en profesionales para las partes técnicas. La cercanía la pone la familia; la competencia técnica se compra.

Y existe la opción de nombrar a dos personas para actuar juntas. Suena equilibrado y hay que pensarlo dos veces: si tienen que firmar todo de común acuerdo, cualquier desacuerdo paraliza el proceso, y si viven en países distintos, cada firma tarda semanas. Si eliges esa vía, pide expresamente que el documento diga cómo se resuelven los empates.

Cómo se le pregunta, y cómo se le dice al resto

Dos conversaciones, ninguna fácil, las dos imprescindibles.

A la persona elegida, en privado y sin rodeos. Explícale el trabajo con la descripción real, no con la versión suave. Dile que puede decir que no y que decir que no ahora es mucho mejor que renunciar después. Dile también que el fideicomiso puede prever que se le compense por su tiempo, si tú así lo decides, y que hay presupuesto para contratar ayuda profesional. Mucha gente acepta cuando entiende que no va a tener que hacerlo sola ni gratis.

A los demás, después, y en presencia unos de otros si se puede. Aquí el objetivo no es pedir aprobación: es quitarle a esa persona el peso de tener que justificar su nombramiento cuando tú ya no estés. La frase que hace todo el trabajo es sencilla: *lo decidí yo, por estas razones, y no significa que quiera más a nadie*.

Explica el criterio en términos de tarea, no de mérito. "Ella vive a veinte minutos del banco y lleva las cuentas de su casa como un reloj" es un argumento que nadie puede tomar como ofensa. "Ella es la más responsable" sí lo es, porque implica que los otros no lo son.

Y anticipa la pregunta que va a estar en la cabeza de todos aunque nadie la diga: **quién controla el dinero no es lo mismo que quién recibe el dinero**. Dilo tú, en voz alta. Nombrar a un hijo trustee no le da un centavo de más; le da trabajo. Cuando esa distinción queda clara desde el principio, la mayor parte del resentimiento se desactiva.

Prepárala, no solo la nombres

Nombrar es el primer paso; el segundo lo hace casi nadie y cambia todo.

Siéntate una tarde con esa persona y enséñale el mapa. No los detalles íntimos de cuánto tienes, si no quieres, sino la geografía: en qué bancos hay cuentas, dónde está la escritura, quién es tu abogado y cómo se llama, quién es tu contador, quién es el profesional del otro país, dónde está la carpeta y cómo se abre.

Después dale tres nombres y tres teléfonos: el abogado, el contador y la persona de allá. Que los tenga guardados. El día que haga falta, esa lista le va a ahorrar semanas de arqueología.

Y dile con qué **no** quieres que cargue. Muchas personas nombradas se destruyen tratando de hacer solas cosas que debían delegar. Si tú les dices en vida "quiero que contrates a un abogado para esto, no lo hagas tú", les estás dando permiso, y ese permiso vale mucho cuando llegue el momento de gastar dinero del patrimonio en profesionales y algún hermano pregunte por qué.

Si te sientes cómodo, deja también una carta escrita de tu puño y letra dirigida a esa persona. No tiene valor jurídico y no reemplaza al documento. Sirve para otra cosa: para que en el peor día de su vida, cuando esté sola frente a una montaña de papeles, lea que tú confiabas en ella y que sabías perfectamente lo que le estabas pidiendo.

Revísalo con el tiempo

La persona correcta hoy puede no serlo en diez años. La gente enferma, se muda, se divorcia, cambia. Y los hijos que hoy son jóvenes maduran.

Deja el nombramiento revisado junto con el resto del plan cada cierto número de años, y hazlo también cuando ocurra cualquiera de estos cambios: una muerte, un divorcio, una mudanza importante, un conflicto familiar serio, o un cambio grande en la situación de la persona nombrada.

Cambiar de opinión no es una traición. Lo que sí lo es, en la práctica, es dejar nombrada a alguien que ya no puede hacerlo y no decírselo a nadie.

Las preguntas para llevar

Para tu abogado con licencia en tu estado:

- ¿Hay algún requisito en mi estado sobre quién puede ser trustee sucesor, especialmente si vive fuera del país?
- ¿Puedo prever una compensación para esa persona y autorizarla a contratar profesionales?
- Si nombro a dos, ¿cómo se resuelven los desacuerdos?
- ¿Cómo se documenta el orden de los alternos?

Para el profesional del otro país: *¿quién puede encargarse aquí del bien que está aquí, y qué requisitos tiene esa persona?*

Hay una pregunta más, incómoda, que conviene hacerle al abogado aunque duela: *si la persona que nombro empieza a hacerlo mal, ¿qué pueden hacer los beneficiarios y qué mecanismo puedo dejar previsto para removerla?* Nadie planea eso pensando en su propia familia, y por eso mismo casi ningún documento lo contempla. Dejarlo previsto no es desconfiar de nadie: es evitar que, si algo sale mal, la única salida sea una demanda entre hermanos.

Y para ti, con honestidad: si tuvieras que apostar a que esta persona va a informar a tus hijos cada mes durante un año entero, ¿apostarías? Si dudas, todavía estás a tiempo de pensarlo mejor.

Buscar Ayuda En Dos Idiomas Y Dos Sistemas Legales

Hay una escena que se repite en muchas cocinas: una hoja de papel con tres nombres apuntados, sacados de un anuncio de radio, de una tarjeta que dejaron en la tienda y de la recomendación de una comadre. Nadie sabe cuál de los tres es bueno. Y la manera en que la mayoría de la gente decide es la peor posible: el que conteste el teléfono en español y cobre menos.

Este capítulo trata de sustituir ese método por uno mejor. No hace falta ser experto para elegir bien; hacen falta cuatro o cinco verificaciones que cualquiera puede hacer.

Primero: entender que necesitas más de una persona

Es el error de origen. La gente busca "un abogado" para todo el asunto, como quien busca un mecánico.

En una familia con bienes en dos países, el equipo mínimo es este:

Un abogado con licencia en tu estado, con práctica en planeación patrimonial, que diseñe y redacte lo de aquí.

Un profesional habilitado en el país donde están los bienes de allá, que resuelva lo de allá con los instrumentos de allá.

Un contador o asesor fiscal, preferiblemente con experiencia en asuntos internacionales, para la parte de impuestos y reportes.

Y en algunos casos, un **traductor reconocido** para los documentos que tengan que cruzar la frontera.

No hace falta contratarlos a todos el mismo mes ni pagarles a todos lo mismo. Hace falta saber que existen y qué hace cada uno, para no pedirle a uno lo que no puede darte.

Cómo se verifica a un abogado en Estados Unidos

Esto es más fácil de lo que la gente cree y casi nadie lo hace.

Cada estado tiene un colegio o barra de abogados que mantiene un directorio público de quiénes tienen licencia para ejercer allí. Se busca por nombre y suele indicar si la licencia está activa y si hay medidas disciplinarias públicas registradas. Búscalo escribiendo en un buscador el nombre de tu estado junto con las palabras *state bar* y *attorney search*.

Tres verificaciones concretas:

Que tenga licencia en el estado donde está tu propiedad y donde vives. Un abogado con licencia en un estado no puede, en general, ejercer en otro.

Que su práctica sea planeación patrimonial, no cualquier cosa. Un abogado excelente en accidentes no es la persona para esto.

Que la licencia esté activa y sin sanciones.

Y una advertencia importante: **hay personas que venden paquetes de fideicomisos sin ser abogados**. A veces se presentan con títulos que suenan profesionales, a veces trabajan por comisión y a veces el objetivo real de la visita es venderte otro producto financiero al final. No estoy acusando a nadie ni a ningún sector; te estoy diciendo qué verificar. Pregunta directamente: *¿usted es abogado con licencia en este estado? ¿Cuál es su número de licencia?* Y compruébalo tú después. Una persona seria contesta esa pregunta sin molestarse.

Cómo se verifica al profesional del otro país

Aquí no puedo darte un directorio concreto, porque cada país organiza sus profesiones de manera distinta y cambia. Lo que sí puedo darte son los criterios.

Averigua **cuál es la profesión adecuada allá** para el asunto que necesitas. En algunos sistemas, ciertos actos sobre inmuebles pasan obligatoriamente por un tipo de profesional específico. Pregunta primero qué figura corresponde y luego busca a la persona.

Averigua **si existe un registro o colegio oficial** que puedas consultar, y consúltalo. Pide el número de cédula, colegiatura o inscripción, y verifícalo tú.

Prefiere a alguien que **trabaje donde está el bien**. Los registros y las autoridades son locales, y un profesional de la capital muchas veces tiene que subcontratar a alguien de la región, con lo que pagas dos veces.

Y usa un filtro que funciona en cualquier país: **pide un plan por escrito antes de pagar nada grande**. Qué procedimiento propone, qué documentos hacen falta, cuánto estima que tarda y cómo cobra. Quien no quiera poner eso en un correo ya te dio su respuesta.

Cómo se encuentra a alguien, en la práctica

Verificar es la segunda parte. La primera es tener nombres que verificar, y aquí también hay métodos mejores que otros.

El servicio de referencia del colegio de abogados de tu estado es probablemente el punto de partida más limpio: te da nombres de abogados con licencia activa, filtrados por materia y por zona, y muchas veces ofrece una consulta inicial breve a costo reducido.

Las recomendaciones de otros profesionales funcionan bien. Si tienes un contador de confianza, pregúntale a quién manda a sus clientes para planeación patrimonial. Los profesionales serios cuidan a quién recomiendan porque su propia reputación va de por medio.

Las recomendaciones de conocidos sirven si preguntas lo correcto. No preguntes "¿es bueno?", que no significa nada. Pregunta: ¿qué te hizo exactamente, cuánto te cobró, te explicó las cosas de manera que las entendieras, te dio todo por escrito, y volverías con él?

Los anuncios de radio y las tarjetas no son descalificatorios por sí mismos, pero no aportan ninguna información sobre la calidad. Trátalos como lo que son: una manera de conseguir un nombre, no una recomendación.

Para el otro país, el mejor método suele ser combinar dos fuentes: alguien de la familia que esté allá y pueda preguntar en la zona, y una verificación independiente en el registro profesional correspondiente. La primera te da nombres reales; la segunda evita que la buena voluntad de un pariente te lleve con quien no debe.

Las señales de alarma, de los dos lados

Algunas son universales.

Que te presionen a firmar el mismo día. Ningún plan patrimonial honesto se echa a perder por esperar una semana.

Que la promesa sea total: *lo dejamos todo protegido, aquí y allá, con un solo documento*. Ya sabes por qué no.

Que se nieguen a poner el precio por escrito, o que el precio "depende de cuánto tenga usted" sin explicación.

Que quieran cobrarte en efectivo y sin recibo.

Que te pidan firmar documentos en un idioma que no entiendes sin darte una explicación de qué dice cada uno. Tienes derecho a entender lo que firmas, siempre.

Que te ofrezcan encargarse "de todo" allá a cambio de una parte del bien.

Y una específica de este tema: que la persona no muestre ninguna curiosidad por el otro país. Si le dices que tienes un terreno fuera de Estados Unidos y no te hace ni una pregunta, es que no piensa ocuparse de eso y probablemente tampoco te va a advertir de ello.

Cómo aprovechar una consulta

Las consultas se cobran por tiempo, así que el tiempo es dinero literal. Cuatro reglas para que rindan.

Manda material por adelantado. Tu mapa de bienes, la lista de personas, las preguntas. Un profesional que llega leído usa la hora en asesorarte, no en enterarse.

Lleva tus preguntas escritas y en orden de importancia. Al final de este libro, cada capítulo tiene las suyas. Escoge las que apliquen a tu caso y llévalas impresas.

Pregunta el costo antes. Cómo cobra —por hora, por paquete—, qué incluye, qué no incluye, y si las transferencias de bienes al fideicomiso están dentro del precio. Esa última es la más importante y la que más sorpresas produce.

Pide un resumen por escrito. Aunque sea un correo de diez líneas con lo acordado y los pasos siguientes. Si te dan un plan verbal magnífico y nada por escrito, dentro de seis meses no vas a recordar la mitad.

El idioma: quién traduce y por qué importa

Hay un detalle que decide muchas consultas y del que casi no se habla: en qué idioma vas a entender lo que te dicen.

Lo ideal es un profesional que hable tu idioma con soltura. Existen, y cada vez más. Pero no siempre coinciden el idioma y la competencia: si el mejor abogado de planeación patrimonial de tu ciudad no habla español y el que sí habla español no se dedica a esto, elegir por idioma puede salirte caro.

La solución práctica es separar las dos cosas. Contrata al profesional por su competencia y resuelve el idioma aparte. Muchos despachos tienen personal bilingüe; muchos otros aceptan sin problema que lleves a un intérprete.

Sobre eso, un consejo que va a contracorriente: **piensa dos veces antes de que tu intérprete sea tu propio hijo**. Es lo más natural y lo más disponible, y tiene dos inconvenientes serios. El primero es que hay cosas que quizá no quieras decir delante de él: que a un hermano suyo le vas a dejar menos, que hay una cuenta que nadie conoce, que tienes una preocupación sobre alguien de la familia. El segundo es que tu hijo, sin querer, va a traducir con su propia opinión encima. Para una primera consulta pasa; para las decisiones de fondo, conviene alguien neutral.

Y sobre los documentos: si vas a firmar algo importante que está en inglés, pide que te den también una explicación en español de qué hace cada documento, aunque el que firmes sea el inglés. No es un capricho. Es la única manera de que la firma signifique algo.

Cuando el dinero es el problema

Si el costo es una barrera real, hay caminos que no siempre se conocen.

Muchas comunidades cuentan con organizaciones de asistencia legal sin fines de lucro que atienden a personas con ingresos limitados; no todas cubren planeación patrimonial, pero muchas orientan o remiten. Se buscan por el nombre de tu ciudad o condado junto con *legal aid*.

Los colegios de abogados de muchos estados tienen servicios de referencia que ofrecen una consulta inicial breve a costo reducido.

Algunas facultades de derecho tienen clínicas donde estudiantes supervisados por profesores atienden casos.

Y las cortes de sucesiones de muchos condados publican materiales gratuitos, a veces en español, que explican el procedimiento local. No sustituyen a un abogado, pero te dan el vocabulario y el mapa antes de gastar.

Una advertencia final sobre el ahorro: lo más caro de este tema no son los honorarios. Es un documento mal hecho que nadie descubre hasta que ya no se puede arreglar. Si tienes que elegir entre un plan barato hecho por alguien que no verificaste y esperar seis meses para pagar uno bien hecho, espera seis meses.

Coordinar a los dos lados sin que se estorben

Supongamos que ya tienes a tu abogado aquí y a tu profesional allá. Falta la parte que casi nadie ejecuta: que se hablen una vez.

No necesitas una reunión formal ni que se hagan socios. Necesitas tres cosas.

Que cada uno **sepa qué documento está preparando el otro**, para que no digan cosas contradictorias sobre el mismo bien. Dos papeles válidos que se contradicen es peor que un solo papel imperfecto.

Que los **nombres de las personas estén escritos igual** en ambos lados, con la versión canónica que decidiste en el capítulo de los papeles.

Y que quede claro, por escrito y en tu carpeta, **qué bien está cubierto por qué documento**. Una hoja simple, con una línea por bien: la casa de aquí, el fideicomiso; el terreno de allá, el instrumento de allá; la cuenta de retiro, la designación de beneficiario. Esa hoja es probablemente el documento más útil que vas a producir en todo este proceso, y no la redacta ningún abogado: la haces tú con la información que ellos te den.

Si alguno de los dos se resiste a esa coordinación mínima, no es necesariamente mala fe: puede ser que no quiera opinar sobre un sistema legal que no conoce, y esa prudencia es sana. Basta con que acepte recibir la información y decirte si algo le hace ruido.

Las preguntas para llevar

Para cualquier persona que se ofrezca a hacerte un plan patrimonial:

- ¿Es usted abogado con licencia en este estado? ¿Cuál es su número?
- ¿La planeación patrimonial es su práctica principal?
- ¿Ha trabajado antes con familias que tienen bienes fuera de Estados Unidos?
- ¿Qué incluye el precio y qué no? ¿Las transferencias de bienes están incluidas?

- ¿Estaría dispuesto a hablar una vez con el profesional del otro país?
- ¿Cada cuánto hay que revisar esto y cuánto cuesta cada revisión?

Y una prueba silenciosa que puedes hacer en cualquier consulta: cuenta cuántas veces la persona te dice "depende" y te explica de qué depende. Cero veces es mala señal. En este tema, "depende" bien explicado es la marca de alguien que sabe.

"Notario" No Significa Lo Mismo Aquí: Cómo No Te Estafen

Una palabra que suena igual en dos idiomas y significa cosas muy distintas ha costado a muchas familias más dinero que cualquier impuesto. Vale la pena dedicarle un capítulo entero, con calma y sin acusar a nadie.

Dos oficios, un nombre parecido

En muchos países hispanohablantes, el **notario público** es un profesional del derecho. Suele haber estudiado la carrera de derecho, haber pasado un examen exigente y haber obtenido una habilitación limitada en número. En varios de esos sistemas, el notario redacta escrituras, da fe pública de actos importantes, interviene obligatoriamente en la compraventa de inmuebles y en muchos trámites de sucesión, y asesora a las partes sobre lo que están firmando. Es una figura de autoridad y de confianza, y con razón: la gente le lleva los asuntos más serios de su vida.

En Estados Unidos, el **notary public** es otra cosa. Es una persona autorizada por el estado, tras un trámite que en general es sencillo, para cumplir una función administrativa concreta: presenciar firmas, verificar la identidad de quien firma y sellar el documento como constancia de ello. En términos generales, un notary public estadounidense **no está autorizado a dar asesoría legal, ni a redactar documentos legales por ti, ni a decidir qué instrumento te conviene**. Puede ser una persona honesta y competente en su trabajo, y ese trabajo simplemente no incluye eso.

La confusión es completamente comprensible. La palabra es casi la misma, la función suena parecida y la persona que llega de otro país trae treinta años de experiencia con un notario que sí era abogado.

Por qué esto genera daño

El problema aparece cuando alguien busca ayuda legal y encuentra un letrero con la palabra que le resulta familiar.

La persona entra, explica que tiene una casa y un terreno en otro país, y espera recibir lo que recibiría en su país: asesoría de un jurista. Lo que la ley estadounidense permite que le den en ese mostrador es otra cosa mucho más limitada.

Cuando alguien va más allá de esa función limitada y ofrece asesoría o prepara documentos legales, no solo está haciendo algo que la ley de su estado probablemente no le permite: está poniendo a esa familia en riesgo real, porque los documentos mal hechos en esta materia fallan años después, cuando ya nadie puede corregirlos.

Quiero ser muy claro en dos direcciones. Primero: esto no es una acusación contra ninguna persona, negocio o profesión. Hay notarios públicos estadounidenses ejerciendo su función con toda corrección y prestando un servicio útil. Segundo: la responsabilidad de entender la diferencia no debería recaer en el inmigrante, pero de hecho recae, y por eso este capítulo existe.

La regla práctica

Sin acusar a nadie y sin necesidad de convertirte en experto, esta regla te protege:

Para presenciar y sellar una firma, un notary public. Para eso está y para eso sirve.

Para decidir qué documento necesitas, redactarlo o explicarte qué te conviene, un abogado con licencia en tu estado. Sin excepciones.

Si alguien que no es abogado te ofrece lo segundo, no discutas ni te enojes. Da las gracias y busca en otro lado. Y si crees que alguien está ofreciendo servicios legales sin estar autorizado, la barra de abogados de tu estado y la oficina del fiscal general suelen tener canales para reportarlo; es información pública y consultarla no compromete a nada.

Cómo distinguir, en la práctica, quién es quién

Cuatro comprobaciones sencillas, todas educadas.

Pregunta la palabra exacta. *¿Usted es abogado con licencia en este estado?* Es una pregunta normal y una persona seria la contesta sin incomodarse. Si la respuesta es evasiva —"trabajamos con abogados", "tenemos años de experiencia", "yo era licenciado en mi país"— eso ya es una respuesta.

Pide el número de licencia y verifícalo. En el directorio público de la barra de abogados de tu estado, tú mismo, en cinco minutos.

Fíjate en quién firma el trabajo. Si al final el documento lo redactó y revisó un abogado, ese abogado tiene nombre y debe constar en algún lado. Si nadie firma, nadie responde.

Fíjate en el precio y en cómo se cobra. Un precio mucho más bajo que el del mercado para un plan patrimonial completo casi siempre significa que estás comprando otra cosa: un formulario llenado.

Una precisión que le da tranquilidad a mucha gente: **no está mal que un despacho de abogados tenga personal que no sea abogado**. Asistentes y paralegales hacen buena parte del trabajo administrativo en cualquier despacho serio, y eso es normal y correcto. La diferencia está en que ahí hay un abogado responsable del asunto, con nombre, licencia y responsabilidad profesional. Lo que no funciona es que no haya ninguno.

Otros títulos que suenan a más de lo que son

El caso del notario es el más conocido, pero no es el único lugar donde una palabra hace pensar en una autoridad que no está.

Hay personas que se presentan como **consultores** o **asesores** en materia de sucesiones o patrimonio. Esas palabras, por sí solas, no describen ninguna licencia: cualquiera puede usarlas. No significa que quien las use sea deshonesto; significa que el título no te dice nada y hay que preguntar qué hay detrás.

Hay quien menciona un título profesional **obtenido en otro país**. Puede ser una persona muy preparada, y aun así, en general, un título extranjero no habilita para ejercer el derecho en un estado de Estados Unidos. Son dos cosas distintas y conviene no confundirlas.

Hay siglas y certificaciones de todo tipo, algunas de instituciones serias y otras de organizaciones creadas para vender la propia certificación. Si alguien se apoya en unas siglas, pregunta quién las otorga y qué hay que hacer para obtenerlas. Una respuesta clara es buena señal.

Y hay quien es genuinamente competente en su campo —seguros, inversiones, contabilidad— y se extralimita al opinar sobre lo legal. Ese es el caso más difícil de detectar, porque la persona sabe mucho y habla con seguridad. La prueba sigue siendo la misma: quién va a redactar el documento y con qué licencia.

La misma confusión, del otro lado

Conviene señalar que el malentendido también viaja en sentido contrario y produce errores caros.

Muchas familias creen que un documento firmado ante un notary public estadounidense —un poder, una carta, una declaración— tiene, por el solo hecho de estar notarizado, plena validez en el país de origen. Con frecuencia no la tiene sin trámites adicionales: normalmente hace falta una certificación de autenticidad para uso internacional, que en muchos países se resuelve mediante la apostilla, y una traducción hecha por quien corresponda; y a veces el sistema de allá exige que ciertos actos se otorguen ante un notario de allá o ante el consulado.

Por eso la pregunta correcta, antes de firmar cualquier documento destinado a usarse en otro país, es siempre la misma y hay que hacérsela **a la autoridad o al profesional que va a recibir el documento**: *¿qué formalidades exactas necesita este papel para que ustedes lo acepten?* Preguntar antes cuesta una llamada. Preguntar después cuesta repetir todo el trámite.

Para qué sí sirve, y sirve mucho

Después de tanta advertencia conviene decir lo contrario, porque la función notarial estadounidense es útil y la vas a necesitar varias veces en este proceso.

Casi todos los documentos importantes de un plan patrimonial requieren, según el estado, que la firma se haga ante notary public y a veces también ante testigos: el fideicomiso, el testamento, el poder, la escritura que transfiere la casa. Sin esa formalidad, el documento puede no valer, por muy bien redactado que esté.

Eso significa que en algún momento vas a estar sentado frente a alguien que va a verificar tu identidad y sellar tus firmas, y hay cuatro cosas prácticas que conviene saber para que esa cita no se eche a perder.

Lleva **identificación vigente y aceptable**. Una identificación vencida puede hacer que el trámite se detenga en seco. Y si tu nombre en la identificación no coincide con el del documento, avísalo antes: ese es el momento en que el enredo de nombres del capítulo diez se vuelve un problema concreto.

No firmes antes de llegar. La firma tiene que hacerse en presencia de quien la va a certificar. Un documento firmado en casa y llevado para sellar puede ser rechazado.

Pregunta si tu estado exige testigos y quiénes pueden serlo. En algunos casos, ciertos parientes o personas que reciben algo del documento no pueden actuar como testigos. Es un detalle técnico que invalida documentos enteros y que el abogado debe resolver, pero conviene que tú lo sepas para no improvisar.

Pregunta por las modalidades a distancia. Varios estados permiten alguna forma de notarización remota o electrónica, con requisitos propios, y otros no. Si tu situación lo hace útil —por movilidad, por distancia—, es una pregunta legítima para tu abogado.

Las estafas que rodean este tema

Este es un terreno donde algunas personas se aprovechan, y conviene reconocer los patrones sin caer en la paranoia.

Se aprovechan del **miedo**: mensajes urgentes sobre que vas a perder tus bienes si no actúas hoy.

Se aprovechan de la **urgencia fabricada**: ofertas que vencen esta semana, precios que suben mañana.

Se aprovechan de la **vergüenza**: te hacen sentir que preguntar demasiado es de ignorante. Es exactamente al revés.

Se aprovechan de la **distancia**: alguien que se ofrece a resolver "todo el asunto del terreno" a cambio de un pago grande por adelantado o de una parte del bien, y que después deja de contestar.

Y se aprovechan de la **noticia inesperada**: contactos que informan de una herencia y piden dinero por adelantado para liberarla.

Contra todos ellos funciona la misma defensa, que no requiere saber nada de derecho: **nada se firma el mismo día, nada se paga en efectivo sin recibo, y todo lo importante se pide por escrito**. Quien te quiere ayudar de verdad no tiene ningún problema con esas tres condiciones.

Hay una defensa más, y es la mejor de todas: **una segunda opinión**. Si alguien te propone algo que suena bien y no estás seguro, llévalo a otra persona antes de firmar. No hace falta contratar; basta con una consulta corta. Un plan que resiste una segunda mirada es un plan; uno que se desarma en cuanto lo ve otro profesional nunca lo fue.

Y una regla de sentido común que aplica a todo lo demás de este libro: si algo te da mala espina y no sabes explicar por qué, hazle caso a la espina y pregúntale a alguien más. En una materia donde el error se descubre años después, la incomodidad de preguntar dura una tarde y el error dura una generación.

Las preguntas para llevar

Antes de contratar a cualquiera:

- ¿Es usted abogado con licencia en este estado? ¿Cuál es su número de licencia?

- Si usted no lo es, ¿qué abogado con nombre y licencia va a revisar y firmar mi documento?
- ¿Me lo puede poner todo por escrito, incluido el precio?

Para la autoridad o el profesional que va a recibir un documento en el otro país:

- ¿Qué formalidades necesita este documento para que ustedes lo acepten: legalización, apostilla, traducción por traductor reconocido?

Para tu abogado, sobre la firma:

- ¿Qué formalidades exige mi estado para firmar cada uno de estos documentos: notarización, testigos, cuántos y quiénes pueden serlo?
- ¿Alguno de estos documentos necesita registrarse en algún lado después de firmarse?

Y una recomendación que puedes pasarle a alguien más hoy mismo, porque no cuesta nada y protege mucho: cuando alguien de la familia diga que va a arreglar un asunto legal "con un notario", pregúntale con cariño si esa persona es abogado con licencia en el estado. Esa sola pregunta, hecha a tiempo, ha evitado más problemas de los que este libro podrá contar.

Tu Carpeta: Qué Guardar Y A Quién Decirle Dónde Está

Todo lo anterior puede estar impecable y no servir de nada por una razón absurda: que nadie encuentre los papeles.

Ocurre constantemente. Alguien muere y su familia pasa las primeras seis semanas —las más importantes — haciendo arqueología: abriendo cajones, llamando a bancos al azar, buscando en el correo, preguntando a vecinos si saben con qué abogado trabajaba. A veces encuentran todo tarde. A veces no encuentran algo y ese algo se pierde para siempre.

Este capítulo es el más aburrido y el que tiene mejor relación entre esfuerzo y beneficio de todo el libro. Se hace en un par de tardes.

La regla de las dos capas

Un buen sistema resuelve dos necesidades que parecen contradictorias: que la información esté disponible para quien la necesite, y que no esté expuesta a quien no debe verla.

Se resuelve con dos capas.

La capa uno es el índice. Una o dos hojas que dicen qué existe y dónde está, sin datos sensibles. Nada de contraseñas, nada de números completos de cuenta. Solo: "cuenta de cheques en tal banco", "póliza de vida con tal compañía", "escritura de la casa, en la caja del clóset", "abogado: nombre y teléfono". Este índice puede circular con relativa tranquilidad, porque por sí solo no le sirve a un ladrón.

La capa dos son los documentos y los datos sensibles. Están en un lugar concreto, protegido, y solo dos o tres personas saben cómo acceder.

Con esa separación, puedes darle el índice a varias personas sin poner nada en riesgo, y el índice les dice exactamente dónde buscar lo demás.

Qué va en el índice

Escríbelo a mano o a máquina, ponle fecha y actualízalo cuando cambie algo. Debe cubrir:

Tus datos. Nombre completo en su versión canónica, con la lista de las otras versiones que aparecen en tus documentos, y las fechas y lugares clave —nacimiento, matrimonio— que van a hacer falta para pedir actas.

Tus documentos legales. Fideicomiso, testamento, poder, directiva médica, y el instrumento que hayas otorgado en el otro país. De cada uno: qué es, la fecha y dónde está el original.

Tus bienes, con las tres columnas. Aquí, allá y en medio. Para cada uno: qué es, dónde está, a nombre de quién y dónde está el documento que lo acredita.

Tus cuentas e instituciones. Nombre de cada banco, aseguradora y administrador de plan, aquí y allá, con el tipo de producto. Los últimos cuatro dígitos bastan si te dan tranquilidad.

Tus deudas. Hipoteca, préstamos, tarjetas, y también el dinero que otros te deben a ti.

Tus personas. Quién es tu trustee sucesor y sus alternos, quién tiene el poder, quién decide lo médico, y los datos de contacto de todos, incluidos los que viven fuera.

Tus profesionales. Abogado, contador, agente de seguros, el profesional del otro país. Nombre, teléfono, correo y para qué es cada uno.

Tus pagos automáticos. Qué se cobra solo de qué cuenta. Esta lista, que nadie hace, evita que a los dos meses se corte un seguro o rebote una hipoteca.

Tus deseos personales. Dónde quieres ser enterrado, qué quieres que se haga con ciertos objetos, y cualquier cosa que quieras decir y que no vaya en un documento legal.

Dónde se guarda

No hay una única respuesta correcta, pero sí un criterio: **el lugar tiene que ser seguro y accesible a la vez**, y esas dos cosas se pelean.

Una caja fuerte en casa, resistente al fuego, funciona bien si alguien más conoce la combinación. Si solo la sabes tú, es una caja de recuerdos.

Una caja de seguridad en un banco protege mucho, y tiene un inconveniente que sorprende a muchas familias: el acceso después del fallecimiento del titular puede requerir trámites, y a veces los documentos que se necesitan para hacer esos trámites están precisamente adentro de la caja. Si usas una, pregunta en el banco exactamente qué se requiere para que otra persona acceda, y considera dejar fuera de ella el original del documento que tu familia necesitará primero.

El despacho del abogado suele guardar copia de lo que redactó. Pregunta si lo hacen y por cuánto tiempo, y anótalo en el índice.

Y una copia digital, escaneada, guardada de manera protegida, resuelve muchos problemas prácticos, sobre todo cuando hay familia en otro país que necesita ver un documento rápido. Si la haces, protégela bien y anota en el índice cómo se accede, no la contraseña.

Un consejo que suena obvio y que casi nadie sigue: **guarda una copia del índice fuera de tu casa**. Un incendio o una inundación se llevan todo el sistema si vive en un solo lugar.

A quién se le dice

Aquí está el error final que arruina todo lo demás.

Muchas personas hacen la carpeta perfecta y no se lo dicen a nadie, por pudor o por miedo a que la familia empiece a preguntar. El resultado es una carpeta perfecta que se encuentra tres meses tarde, o nunca.

Como mínimo, **dos personas** tienen que saber que la carpeta existe y dónde está. Idealmente tu trustee sucesor y una segunda persona de confianza que no sea la misma, por si acaso.

No hace falta que la lean. Basta con que sepan que existe, dónde está y cómo se accede. Puedes decirlo en una frase: *si a mí me pasa algo, todo lo que necesitas está en tal lugar, y ahí adentro hay una hoja que te explica el resto*.

Si tienes familia en otro país, díselo también a alguien de allá, aunque sea solo el nombre y el teléfono de la persona de aquí a la que tienen que llamar. Ese dato, que parece mínimo, es lo que evita que un heredero de allá se entere de todo por terceros o se quede fuera de la conversación.

Cómo se hace la conversación completa

Hay familias que hacen algo mejor que decírselo a dos personas: reúnen a todos una vez y lo cuentan entero. Cuesta un domingo y ahorra años.

No hace falta convertirlo en un acto solemne. Una comida, sin ocasión especial, con los que estén y con videollamada para los que viven lejos —que en tu familia serán varios—. Y una estructura sencilla.

Empieza diciendo por qué lo haces: no porque estés enfermo, no porque haya pasado algo, sino porque quieres que el día que pase algo nadie tenga que adivinar.

Después explica **qué existe**: que hay un fideicomiso, que hay documentos para si te enfermas, que hay algo hecho o pendiente respecto del bien de allá, y dónde está todo.

Después di **a quién nombraste y por qué**, con el criterio de tarea del capítulo catorce, y aclara la distinción que evita la mitad de los pleitos: quien administra no es quien recibe más.

Después, si estás dispuesto, di **cómo pensaste el reparto**. No es obligatorio y hay familias donde no conviene. Pero cuando se puede, escuchar el porqué de boca del padre o de la madre desactiva interpretaciones que después nadie puede corregir.

Y termina abriendo el turno de preguntas de verdad. Van a salir cosas incómodas: alguien va a preguntar por el terreno, alguien va a mencionar quién cuidó a quién, alguien se va a quedar callado. Eso no es que la conversación salió mal. Eso es la conversación.

Si te parece imposible tenerla en persona, hazla por partes: una llamada con cada hijo, con el mismo contenido. Lo único que no funciona es no tenerla.

Mantenerla viva

Una carpeta hecha una vez y nunca revisada envejece rápido. Los bancos cambian, las pólizas vencen, las personas se mudan y algunas mueren.

Ponte una fecha fija al año. El cumpleaños de alguien, el aniversario, el día que haces los impuestos: da igual, mientras se repita. En esa fecha, saca el índice, léelo entero y actualiza lo que cambió. Media hora.

Y hay cinco acontecimientos que obligan a una revisión inmediata sin esperar a la fecha: una muerte en la familia, un matrimonio o un divorcio, el nacimiento de un hijo o un nieto, una mudanza de país, y la compra o venta de un bien importante de cualquiera de los dos lados.

La versión mínima, si no tienes tiempo para nada más

Hay lectores que van a cerrar este libro con buenas intenciones y sin una tarde libre en los próximos seis meses. Para ellos, existe una versión reducida que se hace en cuarenta minutos y que ya cambia el resultado de manera importante.

Toma una hoja. Escribe arriba tu nombre completo y la fecha. Debajo, cinco líneas.

Uno: dónde están mis documentos importantes.

Dos: en qué bancos y compañías tengo algo, aquí y allá. Solo los nombres.

Tres: qué propiedades tengo y dónde está cada documento.

Cuatro: los teléfonos de mi abogado, mi contador y la persona del otro país, si los tengo; y si no los tengo, la frase "no tengo, hay que buscarlo".

Cinco: a quién quiero que llamen primero.

Firma, ponle fecha, mete la hoja en un sobre y dile a dos personas dónde está.

Eso no es un plan patrimonial y no sustituye nada de lo que este libro propone. Es un salvavidas. Si mañana pasara algo, esas cinco líneas le ahorrarían a tu familia semanas de trabajo a ciegas, y en algunos casos evitarían que algo se perdiera para siempre. Cuarenta minutos.

Después, cuando tengas la tarde, haz el resto.

Lo que no va en la carpeta

Para cerrar, tres cosas que conviene dejar fuera.

Contraseñas escritas junto a los nombres de las cuentas. Es demasiado riesgo concentrado en una hoja. Si necesitas resolver el acceso digital, habla con tu abogado sobre las maneras previstas en tu estado para autorizar a alguien a acceder a cuentas en línea; varios estados tienen reglas específicas para eso.

Cosas que no quieres que se lean tal como están escritas. Todo lo que dejes ahí lo va a leer alguien, probablemente en un momento emocional. Si tienes que decir algo delicado —por qué repartiste como repartiste, algo sobre una relación—, escríbelo con el cuidado con que escribirías una carta, no con el desahogo de un diario.

Documentos originales únicos que sean irremplazables y que estén mejor en otro lado. El original de una escritura del otro país, por ejemplo, muchas veces conviene que esté allá o en manos del profesional que se encarga. En la carpeta va la copia y la nota de dónde está el original.

Una carpeta para cada uno

Un último ajuste que evita un problema silencioso: en un matrimonio, la carpeta no debería ser de uno solo.

Es común que uno de los dos lleve todos los papeles de la casa y el otro no sepa nada. Funciona perfectamente durante cuarenta años, y falla catastróficamente el día que la persona que sabía es justamente la que falta o la que enferma. He visto describir esa situación de mil maneras y siempre es la misma: alguien inteligente y capaz, de pronto sin idea de dónde empezar, en el peor momento posible.

La solución no es que los dos lleven las cuentas. Es que los dos conozcan el índice. Una tarde al año, siéntense juntos, lean la hoja de arriba abajo y que quien no lleva los papeles haga preguntas hasta entender. No hace falta que sepa hacerlo; hace falta que sepa dónde está todo y a quién llamar.

Y si en tu familia hay bienes o cuentas de las que tu pareja no sabe, este es el momento de decidir qué hacer con eso. No te voy a dar un consejo moral. Te doy el dato práctico: lo que solo sabe una persona desaparece con esa persona.

Las preguntas para llevar

Para tu banco, si usas caja de seguridad: *¿qué se necesita exactamente para que otra persona acceda a esta caja si yo falto?*

Para tu abogado: *¿guardan ustedes copia de mis documentos y por cuánto tiempo? ¿Cómo se autoriza en mi estado a alguien para acceder a mis cuentas en línea?*

Para el profesional del otro país: *¿dónde debe quedar guardado el original de lo que firmemos aquí?*

Y para las dos personas que vas a elegir, esta semana, con estas palabras exactas: *quiero enseñarte dónde guardo mis papeles importantes, por si algún día hace falta.* Es una frase corta. Es también el momento en que todo lo que has leído en este libro empieza a existir de verdad.

Sobre el autor

Ismael Cordero Nava es un pen name: un nombre de autor. Escribe guías prácticas en español para familias que viven repartidas entre dos países, sobre asuntos que casi nadie les explica en su idioma y que aparecen siempre en el peor momento.

Conviene que sepas con claridad lo que no soy, porque en un tema como este la confusión sobre las credenciales de quien escribe puede causar daño real.

No soy abogado. No tengo licencia para ejercer el derecho en ningún estado de Estados Unidos ni en ningún otro país. No soy notario, ni en el sentido estadounidense ni en el sentido que esa palabra tiene en los países hispanohablantes. No soy contador, ni preparador de impuestos, ni asesor financiero autorizado, ni agente de seguros. No tengo un título profesional en ninguna de esas materias y no represento a ningún despacho, institución ni empresa.

Nada de lo que has leído en estas páginas es asesoría legal, fiscal o financiera, y leerlo no crea ninguna relación profesional entre tú y yo.

Entonces, ¿por qué escribir este libro?

Porque hay un hueco que llenar y no es el de la asesoría. Existe gente calificada para decirte qué hacer en tu caso concreto; lo que casi no existe es material que te prepare para esa conversación: que te dé el vocabulario, que te explique por qué un documento que funciona aquí no funciona allá, que te diga qué papeles juntar antes de gastar en una consulta. Ese es el trabajo que este libro intenta hacer, y para hacerlo no hace falta una licencia: hace falta orden, honestidad sobre los límites y la disciplina de no inventar respuestas.

De ahí vienen las tres reglas que gobiernan todo el texto que acabas de leer.

No hay una sola cifra. Ni umbrales, ni tasas, ni costos, ni plazos. Esos números cambian, dependen de tu estado y de tu país, y un número desactualizado impreso en un libro es peor que ningún número. Donde hacía falta uno, el libro te dice dónde se consulta la versión vigente.

No hay leyes citadas de memoria. Ningún artículo, ningún código, ningún tratado. En una materia donde las reglas cambian de estado a estado dentro de un mismo país y son completamente distintas entre países, afirmar con seguridad lo que dice una ley concreta sería irresponsable.

No hay formularios ni modelos. Ninguna cláusula para copiar, ninguna declaración de fideicomiso lista para llenar. Otros libros los ofrecen y es su decisión. Yo pienso que en una familia con bienes en dos países un documento genérico crea la ilusión de que todo está resuelto, y esa ilusión hace que nadie más se ocupe. Es peor que no tener nada.

Si algo de lo que leíste te sirvió, la manera de aprovecharlo es la misma en todos los capítulos: llevarlo a alguien que sí tenga licencia. Un abogado habilitado en tu estado para lo de aquí. Un profesional habilitado en el país donde están tus bienes para lo de allá. Un contador para los números. Ese equipo hace el trabajo; este libro solo te ayuda a llegar preparado.

Y si encuentras un error, o si tu experiencia te enseñó algo que aquí falta, cuéntaselo a alguien que esté pasando por lo mismo. En estos temas, buena parte de lo que se aprende se transmite así, de cocina en cocina, mucho antes de llegar a cualquier oficina.

Una última cosa

Si cerraste este libro con la sensación de que el asunto es más grande de lo que pensabas, esa sensación es correcta y no es mala noticia. Significa que ya sabes algo que ayer no sabías: dónde está el problema de verdad.

Nadie resuelve todo esto en un fin de semana. Pero casi todo el mundo puede hacer una cosa esta semana, y una cosa hecha vale más que un plan entero pospuesto.

Elige la que te toque.

Si no tienes el mapa, haz las tres columnas. Aquí, allá y en medio. Una hoja, un lápiz, una hora.

Si el bien de allá tiene una sucesión pendiente desde hace años, empieza por ahí. Es el único trámite de este libro que se encarece con total seguridad cada año que pasa.

Si nunca has visto la hoja de designación de beneficiario de tu seguro de vida, pídela. Es una llamada.

Si tienes documentos pero nadie sabe dónde están, dile a dos personas dónde están.

Si nombraste a alguien y nunca se lo dijiste, díselo.

Y si hay una conversación que llevas años posponiendo con un hermano, con un hijo o con tu pareja, ten esa conversación. Un martes cualquiera, sin ocasión especial, sin abogados de por medio. Es la parte que ningún profesional puede hacer por ti y es, casi siempre, la que decide si tu familia sale de esto unida o rota.

Lo demás —el fideicomiso, el instrumento de allá, los impuestos, los papeles— son herramientas. Buenas herramientas, que hacen su trabajo cuando están bien elegidas y bien puestas. Pero ninguna herramienta ha impedido nunca que dos hermanos dejen de hablarse. Eso lo impide una decisión tomada a tiempo y dicha en voz alta.

Gracias por leer hasta aquí. Sé que no es un tema agradable y que la mayoría de la gente prefiere no pensarlo. Que tú lo hayas hecho dice algo bueno de ti: que estás dispuesto a cargar hoy con una incomodidad para que otros no carguen mañana con un desastre.

Si el libro te fue útil, la mejor manera de agradecerlo es prestárselo a alguien que lo necesite. En tu comunidad hay muchas familias con una casa aquí y un terreno allá, y casi ninguna ha tenido esta conversación.

Y si tienes un momento, una reseña honesta en la página del libro ayuda a que otra familia lo encuentre cuando lo esté buscando. No hace falta que sea larga. Basta con decir para quién crees que sirve.

Que tus papeles estén en orden y que tu gente lo sepa.

www.ingramcontent.com/pod-product-compliance
Lightning Source LLC
LaVergne TN
LVHW050819061126
851857LV00012B/888
9788920366468